山西省高等教育百亿工程项目:
山西医科大学“双一流”创建行动（子项目：省级重点马院培育项目）、
2024年度教育部高校思想政治理论课教师研究专项一般项目（24JDSZK153）

社会加速与未来

杨林 著

天津出版传媒集团
天津人民出版社

图书在版编目（CIP）数据

社会加速与未来 / 杨林著. -- 天津 : 天津人民出版社, 2025. 8. -- ISBN 978-7-201-21145-9

Ⅰ. B089.1

中国国家版本馆 CIP 数据核字第 2025WE0036 号

社会加速与未来

SHEHUI JIASU YU WEILAI

出　　版　天津人民出版社
出 版 人　刘锦泉
地　　址　天津市和平区西康路35号康岳大厦
邮政编码　300051
邮购电话　(022)23332469
电子信箱　reader@tjrmcbs.com

责任编辑　王佳欢
封面设计　王　烨

印　　刷　天津新华印务有限公司
经　　销　新华书店
开　　本　710毫米×1000毫米　1/16
印　　张　14.5
插　　页　2
字　　数　160千字
版次印次　2025年8月第1版　2025年8月第1次印刷
定　　价　78.00元

前言

左翼加速主义是21世纪西方社会的新思潮，脱胎于20世纪90年代的右翼加速主义，形成于2008年全球金融危机引发的新自由主义批判浪潮中，以2013年《加速主义政治宣言》的正式发表为诞生标志。面对全球文明不断加速的危机，加速主义者认为当今左翼的基本任务就是阐明和实现一个更美好的未来世界，为全人类带来普遍的繁荣和解放。他们在理论探索中形成一套较为完整的社会批判体系，提出新的经济观、政治观、组织观和社会观，以推进更为现代的未来社会，其中不乏新颖和发人深思的观点和论断。

首先，认识和理解西方社会是任何左翼批判理论建构的前提。20世纪70年代以来，西方国家不断在广度和深度上推进自由化、私有化改革，新自由主义意识形态占据全球主导地位，但左翼加速主义者认为这不是资本积累的必然结果，而是新自由主义思想团体长期建构的政治项目。他们基于现实考察和社会体验，揭露和批判西方社会存在的种种弊端，有力打破了人们对新自由主义的迷思。其一，他们揭露西方现代性的虚伪性和霸权性。西方现代性篡改了未来、解放、自由、进步等与现代性相关联的话语，塑造着狭隘想象下的未来形象、现代化道路、人的自由、技术进步，这完全牺牲了人类社会总体的加速发展。其二，平台经济是他们对数字经济时代的新定位。这种以数字技术为支撑、以数据为原材料、以平台为中介的商业模式已经扩展至整个经济领域，是激活经济的新方式。但这些物质平台却被资本家占有，为资本增殖服务，并在竞争和营利的广义参数下趋于垄断。因此，平台模式不会实现任何有意义的未来创新。其三，他们根据不断增加的过剩人口、快速的自动化和持续实行的紧缩政策，预测西方社会工作危机即将到来。失业增加、不稳定因素增多、贫民窟扩张的同时，社会管理和控制措施愈发严格，这些将严重冲击其社会生产根基，但也为取消雇佣劳动的未来社会打开了缺口。

其次，批判的旨趣在于超越。在左翼加速主义者看来，今天左翼的基本任务就是创造一个能带来普遍解放和真正进步的新未来。过去的社会运动或斗争都没有达到预想效果，一方面，他们对西方政治行动中流行的民间政治思想进行了全面、辩证的批判，指出民间政治是必要的，但它刻意回避了当今资本全球性、复杂抽象性和非线性特征，因为由相对不可扩展的行动组成的小规模干预是不可能胜任抗衡全球资本权力扩张的任务。另一方面，他们从马克思“机器论片段”、葛兰西的领导权理论和拉克劳与莫菲“新葛兰西主义”中汲取构建左翼反霸权理论的资源。此外，他们十分关注 20 世纪 70 年代之前在凯恩斯主义占主流的社会中，以朝圣山学社为中心的新自由主义思想团体如何以非民间政治方式成功建构新格局的具有启示性的历史，加速主义者可以从中学习构建未来社会的经验教训。

最后，面向未来是加速主义的唯一选择，意味着加速主义者必须恢复左翼政治想象力和重建领导权能力，在现存社会趋势和能力范围内寻找反对新自由主义的资源。左翼加速主义者认为，最有希望的前进方式在于重新评估启蒙运动后的西方现代性话语，重塑左翼现代性，打开未来有无限可能的话语空间，改变新自由主义在知识和文化上的领导权；在技术加速基础上创建一个以经济全自动化、缩短工作周、全民基本收入为基本需求的后工作社会平台，将乌托邦的未来导向和真实的社会需求结合起来并进行广泛动员，形成经济、政治和社会的新平衡，以更多的潜力推动更大的解放目标；争夺社会技术领导权，将有潜力的技术加速和有效的社会行动结合起来，重组技术资源、重塑技术目的，实现全方位的社会变革和新的集体自我控制。除了这些抽象的战略规划，他们还指出，为了在现实世界建立新秩序，至少还需要三件事：发动大规模的民粹主义运动、建立组织生态系统和寻找新的革命杠杆。

左翼加速主义者认真审视和思考了当代西方社会出现的新现象、新趋势，诊断其存在的弊病，并在理论上给出解释，深化了我们对当代西方社会现实和本质的认识。他们对技术解放潜力和大众政治权力的结合作了有益的回答，对未来社会进行了积极思考和有益探索，指明了一条不同于传统西方马克思主义的社会批判和社会解放路径，激发了西方左翼理论的生命力和活力。需要指出的是，加速主义思想尽管有积极的理论和现实意义，但也存在自身的逻辑局限，主要表现为对技术生产力认识的不全面性、对平台经济批判的不彻底性、对民粹主义抱有不切实际的幻想，致使其未来社会构想看似充满吸引力，却透露着理论思辨色彩，实则难以真正落实。

杨　林

2025 年 2 月

目　录

绪　论

一、研究意义

20 世纪 70 年代末，在“滞胀”危机发生后，新自由主义思想团体适时提供了替代凯恩斯主义的危机解决方案。随后，新自由主义经济制度便以不同形态在世界主要经济体确立，成为西方社会的主流。自 21 世纪的第二个十年伊始，全球文明开始面临新灾难，气候体系遭到破坏、新的冷战和热战、经济危机再现，西方社会的诸多弊病显现。2008 年，全球金融危机的爆发诱发了新自由主义批判浪潮，马克思在西方社会科学领域沉寂多年后再次引发了人们的关注，出现了《资本论》全球畅销和“重读马克思”的现象，西方左翼知识分子更是希望从中寻找走出当前停滞不前困境的出路。在此背景下，加速主义发生左翼转向。2013 年，《加速主义政治宣言：超越资本主义对技术的压制》(*ACCELERATE*：*Manifesto for an Accelerationist Politics*，以下简称《宣言》)的发表标志着以尼克·斯尔尼塞克(Nick Srnicek)和阿列克斯·威廉姆斯(Alex Williams)为主要代表的左翼加速主义的正式形成,其独树一帜的当代社会批判视角和对未来社会的激进构想引起学界广泛关注和争论,影响力不断提升。

面对21世纪全球文明不断加速的危机和灾难,左翼加速主义积极回应社会现实,以加速主义逻辑批判和预测当代西方社会的现实状况和未来命运,宣布新自由主义已经失败、社会民主主义也回不去,呼吁新左翼要主动拥抱加速主义趋势,通过加速技术发展和有效的社会行动来创造普遍繁荣和解放的新社会。左翼加速主义的社会批判是及时且有力的,其对未来社会的构想设计也是激进诱人的,这在西方传统左翼运动陷入低潮和左翼政治萎缩退却的困境时期,无疑为左翼政治复兴注入了活力和动力,为无产阶级革命策略和社会解放提供了新的思考。对这一思想进行整体性研究,具有重要的理论价值和现实意义。具体来说:

第一,具有丰富社会批判模式的理论意义。传统社会批判的对象一般指向机器大工业和技术加速,与这种物化或异化的对象保持距离,并将人从其控制下解放出来是他们建构批判理论的重要维度。但是左翼加速主义者的一个重要思考是,社会批判还有其他可能性。加速主义者坚持认为,对当代西方社会的唯一激进政治回应既不是抗议、破坏或批判,也不是等待其在自身矛盾中消亡,而是加速,当今技术发展的速度不是太快而是太慢了。加速技术发展进程和重塑技术方向才是左翼在未来的重要任务,这显然是一种不同于传统左翼知识分子的社会批判视角。此外,斯尔尼塞克和威廉姆斯的一些富有创意的见解(如他们对平台经济模式的论述、对工作危机的预测、对民间政治的批判、对反霸权的理论思考、对后工作社会的谋划等)，对丰富社会批判的理论谱系有积极意义。

第二，具有明晰当代西方社会本质的现实意义。左翼加速主义者从概念层面的现代性话语体系到现实层面的数字平台经济和工作状况，有理有据地批判西方现代性的虚伪性和平台经济模式的垄断性，警示人们以资本为目的的加速成果不会给人们带来更少的工作和更多的休闲，只会以牺牲人类社会真正的加速发展为代价，将人类社会导向不平等、不稳定的未来，使人类走向永恒的危机。无论是既存事实还是未来趋势，都有力地表明了西方社会经济政治体制的不合法性，打破了人们的普遍迷思，使人们对当代西方社会的现实和本质认识得更加清楚。

第三，具有促进加速主义思想整体研究的学术意义。从目前的文献译介情况来看，国内学者对加速主义思想的研究还处于起步阶段，只有《加速主义政治宣言》和《平台资本主义》被翻译为中文。从公开的文献检索平台来看，公开发表的专门性学术文章不多，研究主题零星分散，尚未将其归纳总结为一个较为完整的理论体系。本书希望在翻译更多第一手外文文献的基础上，对加速主义思想进行立体式的叙述和客观评析，力求在理论上建构其历史、现状、未来的全景式思想图景，从多个方面、以多种方式全面客观地对思想本身作出评析，在一定程度上丰富目前国内学界关于西方加速主义思想研究的文献资料。

二、研究现状

(一)国外研究现状概述

2008 年,全球金融危机的爆发及其后期社会动荡事件促使西方左翼理论复兴。尼克·斯尔尼塞克和阿列克斯·威廉姆斯共同撰写并发表了《宣言》,之后的理论宣传和思想辩论掀起了加速主义研究热潮。

第一,围绕《宣言》的研究及评论。英国奇切斯特大学教授本杰明·诺伊斯(Benjamin Noys)在《否定的持存》(*The Persistence of the Negative*,2010 年)一书中创造了"加速主义"一词。他从欧洲大陆理论的思想史视角理解加速主义,从德勒兹(Gilles Deleuze)和加塔利(Felix Guattari)在《反俄狄浦斯》(1972 年)中论述的加速"脱域"思想出发,后分析了利奥塔(Jean-Francois Lyotard)和鲍德里亚(Jean Baudrillard)著作中关于加速的思想。[①]诺伊斯又梳理了加速主义的历史,对各种形式的加速主义进行了批判性的历史重建,用"技术+资本主义"来指称右翼加速主义思想的内核,称其是"德勒兹撒切尔主义",称左翼加速主义是"加速主义 2.0 版"。诺伊斯是加速主义的反对者,他批评尼克·兰德(Nick Land)的加速主义塑造了一个怪兽式的资本主义机器,批评左翼加速主义者低估了强韧的资本主义生产关系在生产力中的嵌入,且加速主义发生的时间缺乏时间特异性、停留于强权政治和相互竞争的政治模式,并表示后资本主义世界不是"净化"资本主义本身,而是充分利用生产力的社会主义或共产主义。这是一种科幻视觉,而且加速是资本和劳动

① Benjamin Noys, *The Persistence of the Negative: A Critique of Contemporary Continental Theory*, Edinburgh: Edinburgh University Press, 2012.

矛盾激化发生革命后的结果，左翼加速主义者显然颠倒了革命和加速的时间顺序。[①]

2013 年，意大利著名政治理论家安东尼奥·奈格里（Antoni Negri）在《宣言》发表后不久便在同一网站上发表评议文章。奈格里肯定《宣言》对现有社会的批判是及时且有力的，肯定其打断资本主义发展趋势并推进共产主义事业的理论思考，肯定《宣言》中提出的两个关键问题，即解放发生在资本主义的内部演化和认知劳动的革命性潜力。然而奈格里明确指出，《宣言》坚持对固定资本挪用的物质性和技术性，相对低估了社会性、政治性和社会合作性这些因素，忽视了劳动者“合作”的重要性，并批评其在技术方面的决定论倾向和在历史问题上的目的论倾向。[②]奈格里的评论无疑活跃了左翼加速主义在国际上的辩论。

2014 年，罗宾·麦凯（Robin Mackey）与阿尔曼·阿瓦尼斯安（Armen Avanessian）出版了 *Accelerate：the Accelerationist Reader*[③] 一书，这是一本关于加速主义的文集。他们试图探索加速主义的历史图景和概念谱系，展示其所呈现的各种可能性，涉及从 19 世纪末、20 世纪初的思想家到现代法国哲学再到受赛博文化影响的英国思想家，最后是加速主义所有面向的当代融合。在他们看来，加速主义思想的共同主张是以对其构成要素的政治和理论上的进步态度来应对资本主义的罪行、矛盾和荒谬，它试图站在解放运动的一边，

---

① Benjamin Noys, *Malign Velocities: Accelerationism and Capitalism*, Winchester: Zero Books, 2014.

② Antoni Negri, Reflections on the Manifesto, in Robin Mackey and Armen Avanessia(eds.), *Accelerate: Accelerationist Reader*, Falmouth, U.K.: Urbanomic, 2014.pp.263-378.

③ Robin Mackey and Armen Avanessian(eds.), *Accelerate: the Accelerationist Reader Falmouth*, U.K.: Urbanomic, 2014.

因为解放运动打破了封建主义的枷锁,带来了现代性特有的不断扩大的实践可能性,其重点是研究这些变革力量与构成当代行星社会的交换价值体系和资本积累公理之间的内在联系。此外,他们还认为,左翼加速主义的目标是在传统的批判之外对未来进行概念化,通过对人类有限性的修辞进行回避,支持新的普罗米修斯主义和理性主义,从而确认社会和技术的日益加速是不可逆转的,并致力于发展对当代政治复杂抽象性的新理解。他们表示,这些思想认识确实是可取的,但这种哲学倾向以孤立的爆发式的形式存在,加速主义的零星插曲只表现出不完整的连续性,它们之间的异质性和长期沉默使它们变得不可分辨。

加拿大西安大略大学社会学教授迈克尔·加德纳(Michael E. Gardiner)认为,加速主义是 2008 年后出现的最激进大胆的左翼思想。与诺伊斯不同,加德纳将加速主义分为以斯尔尼塞克和威廉姆斯为代表的新理性主义加速主义和以德勒兹、加塔利等法国解构主义思想为主体的"力比多"加速主义。在他看来,《宣言》是一部"超物质"的作品,两位作者努力实现他们预测的物质变化,在理性"导航"的意义上拖拽当下进入未来。通过与自治主义思想家佛朗哥·比福·贝拉迪(Franco Bifo Berardi)理论的比较,加德纳认为,加速主义虽拥抱技术的无限活力,但无法恰当地解决物质匮乏问题,并担忧强化加速主义倾向很可能导致资本主义进入"更高"甚至更邪恶的阶段,而不是迎来解放意义上的后资本主义社会。加德纳建议,左翼加速主义应试图利用阶级斗争重新配置加速主义资源,将未来愿景改造为通过阶级斗争加速的愿景。[1]同样，美国哲学家史蒂文·沙维罗(Steven Shaviro)认为，加速主义是针对新自由主义、全球化和网络化等特定条件的新回应，旨在推翻整个全球化的西方社会秩序，这意味着它必然既是一场美学运动，也是一场政治运动。加速主义的希望在于，在充分释放资本潜力的过程中耗尽自身，从而为新社会开辟道路，其思想主张体现了马克思著作中的理论旨趣。[2]与之相反，迈克尔·R. 劳伦斯(Michael R. Laurence)公开批判加速主义的政治策略是有问题的，这源于对马克思思想进行了一种有问题的、非政治化解读，抽离了马克思对对抗和阶级斗争的强调。[3]

其他国外学者也进行了辩证性的评论，为我们全面理解这一新社会思想提供了重要参考。贝诺·迪莱特(Benoît Dillet)探讨了经济紧缩下的加速主义和减速主义，认为左翼加速主义的积极方面是有利于重新配置左翼政治力量，摆脱福特主义福利国家的怀旧情绪，创造范式转变，而不是仅仅停留在科学技术拜物教或固有事态发展的水平上；而危险在于它似乎没有看到虚拟的新法西斯主义在欧洲的肆虐，极右翼政党的势力正在上升。[4]斯蒂芬·泽普克(Stephen Zepke)肯定了左翼加速主义者的雄心壮志，但质疑其手段和目的的一致性，认为这种修正主义加速主义所作的假设——科学技术与资本主义是可分离的——是错误的，在此假设基础上的集体自我控制、社会技

① Michael E.Gardiner, Critique of Accelerationism, *Theory, Culture & Society*, Vol.34, No.1, 2017.

② Steven Shaviro, No Speed Limit Three Essays on Accelerationism, https://www.doc88.com/p-9788638460070.html, 2021-12-26.

③ Michael R. Laurence, Speed the Collapse? Using Marx to Rethink the Politics of Accelerationism, *Theory & Event*, Vol.20, No.2, 2017.

④ Benoît. Dillet, We Haven't Seen Anything Yet Accelerationism and Decelerationism under Austerity, *Cultural Politics*, Vol.11, No.2, 2015.

术霸权、技术资源重组等后资本主义世界策略难免遭受质疑，这也是修正主义加速主义的"乐观"成为限制的地方。[①]然而约翰·欧文（John Irvill）、托马斯·邓恩（Thomas Dunn）和希瑟·D. 科勒（Heather D. Koehler）却对左翼加速主义进行了激进且悲观的批判，一是左翼加速主义思想为一场社会运动提供了理论支柱，但这一运动从未出现过；二是对未来世界的设想仍然停留在对过去认知图式的崇拜上；三是宣扬的新的现代性被其缺乏实践性所粉碎，仅仅是口号；四是其思想影响随着马克·费舍尔的去世（2017 年）而消亡。[②]保罗·曼森（Paul Mason）在一篇刊发在《卫报》的文章——The end of captialism has begun——中指出，信息技术已将资本主义带向终结，我们已经进入了后资本主义时代，但这种技术加速也许不一定会带来资本主义的终结，相反则是新的开始。[③]

左翼加速主义还引起很多学者跨学科交叉研究的兴趣。例如，查理·米尔斯（Charlie Mills）将加速主义与美学相结合，认为作为一种政治经济的加速主义，它在其批评和更恶毒的美学表现中受到了猛烈的抨击，但作为一种概念和情感上的刺激，它在政治美学思想中的影响将继续促使人们以新的方式看待和思考我们与无所不在的新自由主义机构之间的关系。[④]山姆·塞

① Stephen Zepke1, Accelerating Capitalism; the internal tensions of Accelerationism, https://www.doc88.com/p-90359420167266.html, 2022-2-16.

② John Irvill, Thomas Dunn and Heather D. Koehler, Requiem for Left Accelerationism, https://www.doc88.com/p-78047353386797.html, 2022-3-20.

③ Paul Mason, The end of captialism has begun, https://www.filmsforaction.org/articles/the-end-of-capitalism-has-begun/, 2022-3-21.

④ Charlie Mills, Towards a Future Post-Capitalism: Accelerationism and Its Aesthetics, https://www.doc88.com/p-91599071429351.html, 2022-3-20.

拉(Sam Sellar)和大卫·R. 科尔(David R. Cole)将加速主义与教育社会学相结合,认为加速主义能够激发一种舒适的、批判性的、渐进的时间感,为批判社会理论的更新和教育中时间维度的分析提供了可能性,而左翼加速主义对批判社会学的理论贡献取决于两个关键点:将现代性和技术发展的加速与资本增长分离、提倡后人类科学发展和规范理性主义。[①]丽贝卡·谢尔顿(Rebekah Sheldon)将加速主义与算法控制相结合,认为作为一种关于未来的独特的强有力的理论,它依靠理性控制,但加速主义理性在自动化产生的自主算法控制系统下会走向自我毁灭,逐渐演变成一种恶魔般的占有。[②]

第二,围绕平台经济模式的研究和评论。2016 年,尼克·斯尔尼塞克出版 *Plat form Capitalism* 一书,创造性地提出"平台资本主义"这一新概念。平台是数字技术催生的新的商业模式,也是左翼加速主义批判当今西方社会的新维度。一方面,有的学者基于平台对经济发展的作用,积极支持平台经济模式,认为它是社会经济自我调适的新形态。这些平台支持派的依据大致涉及,平台经济可以缓解紧张的竞争关系,有望迎来共赢的经济目标;平台模式的灵活性特征可以改变传统僵化的就业方式,有利于人的自由发展;人人可参与的平台的共享性特点可以让生产和消费更加民主化。

另一方面,有的学者积极反对平台经济模式,认为平台模式下劳动者的处境更加糟糕,加剧了不可调和的社会矛盾。这些平台反对派的依据主要包括,平台并没有使人们进入共享经济的时代,反而使社会资源分配愈发不公

---

① Sam Sellar, David R. Cole, Accelerationism: a timely provocation for the critical sociology of education, *Journal of Engineering and Earth Science*, Vol.38, No.1, 2017.

② Lebekah Sheldon, Accelerationism's queer occulture, *Development Education Forum*, Vol.24, No.1, 2019.

平、人们日常生活日益走向商品化;平台商业模式的运作不生产产品,也不是传统经济的雇佣关系,容易产生虚假的自营业者和消解平台公司对雇佣者应承担的义务;平台经济根本谈不上共享经济,仅仅是一个万人万物相互联系在一起的生态系统。

第三,围绕后工作社会的研究和评论。斯尔尼塞克和威廉姆斯 2016 年合著的 *Inventing the Future*:*Postcapitalism and a world without work* 出版,引起学界诸多探讨。卡勒姆·麦克格雷格(Callum McGregor)提出,加速主义是科幻小说和政治理论的一种特殊组合,《创造未来》的价值应该被衡量为一个函数,尽管它有局限性,但它能够促进新的思维方式,代表了试图将政治思想推到南希·弗雷泽(Nancy Fraser)所称的“霍布森选择”(Hobson’s Choice)之外的尝试,后者是“进步的新自由主义”和目前在全球范围内表现出来的“反动的民粹主义”。[①]佛罗伦萨·吉尔德(Florence Gildea)指出,斯尔尼塞克和威廉姆斯创造未来的论据是建立在一种有争议的哲学基础——加速主义——上的,其首要原则将推翻西方民主几百年来所依赖的对人性的理解,他们对新自由主义替代方案的讨论与技术重塑人类齐头并进,这个项目不是根植于广大人民的关切和利益,而是一个意识形态项目,不是解放人性,而是一个工程。它不仅要推翻资本主义,而且要开始一场不断重塑人类自身的旅程。也许,他们的未来创造应该被视为一个千年计划,而不是一个可行

① Callum McGregor, Review: Nick Srnicek, and Alex Williams (2015) Inventing the Future: Postcapitalism and a World Without Work, *Contemporary Community Education Practice Theory*, Vol.8, No.3, 2017.

的政治计划。[①]杰夫·努南(Jeff Noonan)分析了技术发展与人类劳动价值的双重矛盾关系,认为没有劳动的生活会导致意义丧失,斯尔尼塞克和威廉姆斯关于工作未来的辩论,缺少的是对非异化劳动的生命价值的理解。为此,他提出,反对劳动强制方面的社会运动的目标不应该是完全自动化,而是将劳动的生命价值从异化和剥削形式中解放出来。[②]安娜·塞西莉亚·迪纳斯坦(Ana Cecilia Dinerstein)和弗雷德里克·哈里·皮特(Frederick Harry Pitts)揭露并批判了新生的后工作政治想象及其主张,反对左翼加速主义者提出的生产自动化和基本收入可以加强从后劳动社会向后资本主义社会过渡的观点,指出后工作社会愿景忽略了西方社会工作的前提条件是一组历史上特定的、相互对立的、受限制的社会再生产的社会关系,也取决于其结果在商品交换中所呈现的特定社会形式和民族国家的构成形式。同时,他们认为,全民基本收入与生产力发展所提供的自动化相结合,标志着当前社会关系结构的延续。他们还以阿根廷失业工人组织(UWO)为例,给出一种"具体的乌托邦"替代方案。[③]

综上所述,2008 年全球金融危机爆发后,以斯尔尼塞克和威廉姆斯为代表的左翼加速主义针砭时弊,其独特的思想主张和对未来社会的大胆建构从一开始就引起国外学者的广泛关注和辩论。国外学者关于左翼加速主义的研究领域涉及哲学、政治学、经济学、教育学、社会学、美学等,研究论题涵

① Florence Gildea, Accelerating down a road to nowhere: On inventing the future by Nick Srnicek and Alex Williams, *Political Quarterly*, Vol.91, No.2, 2020.

② Jeff Noonan, Luddites, Labor, and Meaningful Lives: Would a world without work really be best?, *Social Philosophy*, Vol.51, No.3, 2020.

③ Ana Cecilia Dinerstein, Frederick Harry Pitts, From post-work to post-capitalism? Discussing the basic income and struggles for alternative forms of social reproduction, *Labor and Society*, 2018.

盖加速主义的历史演变、思想史梳理、左翼和右翼比较、当代政党、平台论争、未来社会可能性探讨、技术与人性、劳动的生命价值、理论的跨学科应用等,研究特点表现为评论多于介绍、批判多于构建。这些研究成果无疑对全面认识西方左翼加速主义思想具有参鉴作用,不仅为我们提供了丰富的文本研究资料,而且开拓了研究视野和思路。然而国外学者关于左翼加速主义思想的研究呈现一种碎片化的状态,缺少对左翼加速主义思想具象化、整体性的研究,偏重批评性的评论难以客观把握其思想价值和作用。

(二)国内研究现状概述

在国内,从公开资料显示,南京大学哲学系的蓝江教授最先关注左翼加速主义,于 2018 年将 *ACCELERATE*:*Manifesto for an Accelerationist Politics* 译为中文——《加速主义政治宣言:超越资本主义对技术的压制》,左翼加速主义作为国外马克思主义的新动态或理论前沿开始进入国内学术界。

第一,国内学者以一种谨慎的态度对待西方左翼加速主义思想,坚持运用马克思主义的世界观和方法论进行评析。从积极方面来说,蓝江认为,左翼加速主义是数字时代加速主义的新形态,它将数字化异化变成肯定性的力量,与资产阶级争夺技术加速主导权并服务于公共性目的的加速策略,改变了左翼对待技术的普遍认知,给出一个完全不同的认识并超越资本社会制度的方向——加速,带来一种完全不同于传统的斗争策略。[①]在另一篇文章中,蓝江将加速主义看作一种批判的超越,是左翼批判理论在普遍数据化

① 蓝江:《当代资本主义下的加速主义策略—— 一种新马克思主义的思考》,《山东社会科学》,2019 年第 6 期。

时代生存的可能性，但也提出对数字技术的加速主义与高新科技巨头同流合污沦为数字技术极权主义的担忧。[①]马希和刘秦民认为，左翼加速主义以“回到马克思”的方式批判当代西方社会，试图以速度为核心的革命摧毁以资本为核心的社会自身，这是左翼在全球化深入推进过程中对西方社会发展问题和趋势的批判和思考。[②]李慧敏将以速度批判为议题的西方学者归为加速主义派别，并将保罗·维希留(Paul Virilio)的速度统治理论、哈特穆特·罗萨(Hartmut Rosa)的社会加速理论、斯尔尼塞克和威廉姆斯的速度政治批判、约翰·汤姆林森(John Tomlinson)的速度文化批判作为加速主义批判的理论谱系。她认为，斯尔尼塞克和威廉姆斯主张释放生产力蕴藏的巨大潜能，主张无产阶级通过掌握技术加速的主导权突破资本主义发展极限的思想，指明了一条批判和反抗的新方式，凸显了辩证唯物主义的理论底色。[③]

关于左翼加速主义思想的消极方面，雷禹和蓝江从历史唯物主义和历史辩证法的角度指出，左翼加速主义思想存在着并未遵循社会历史发展进程、并未试图变革资本生产关系、并非加速资本社会发展的内在矛盾、放弃阶级斗争、回避主体形成的理论缺陷。[④]吴鑫表示，左翼加速主义存在的困境包括理论厚度与创新动力严重不足，技术、生产力与生产关系的复杂纠缠，对加速引擎的乐观估计，组织形式与行动目标有欠缺，这使其日益陷入衰

① 蓝江:《交往资本主义、数字资本主义、加速主义——数字时代对资本主义的新思考》,《贵州师范大学学报》(社会科学版),2019 年第 4 期。

② 马希、刘秦民:《资本主义社会速度批判理论的逻辑架构探析——以左翼加速主义为例》,《世界哲学》,2021 年第 4 期。

③ 李慧敏:《当代西方加速主义批判理论的哲学审视》,《内蒙古社会科学》,2021 年第 4 期。

④ 雷禹、蓝江:《马克思主义与加速主义——兼论马克思〈政治经济学批判大纲〉“机器论片段”的当代价值》,《国外理论动态》,2019 年第 11 期。

颓，面临被右翼加速主义吸收、转化的危险。[①]姜淑娟和关锋认为，左翼加速主义试图在现存社会框架内进行超越，撇开其社会关系空谈技术加速和权力重构，只是一种诱人的空想，只能停留于方向性设计层面。[②]李慧敏提出，斯尔尼塞克和威廉姆斯低估了资本将科学技术纳入自身统治的潜力，淡化了无产阶级和资产阶级及生产关系和生产力之间不可调和的矛盾，堕入了乌托邦和主观主义的困境。[③]在李江峰看来，技术激进主义是左翼加速主义最显著的特征之一，但他们在技术和生产力之间画等号，显然是夸大了技术对当今社会秩序的破坏作用与解构作用，同时也未能提出对未来社会的重构策略。[④]陈晓则从“倍速播放”这一微小的社会传播现象入手，描述受众时间焦虑的现实，进而说明加速主义内部蕴含的矛盾与危机，是一种相对激进的政治主张。[⑤]

第二，左翼加速主义者对“机器论片段”的解读也是国内学者关注的重要内容。雷禹和蓝江直言，左翼加速主义者的理论视野是不全面的，他们只看到了《1857—1858 年经济学手稿》中的机器观，殊不知，马克思对机器技术的全面论述是在《资本论》中。而且他们的解读也是不正确的，比如自动化机器生产解放劳动的论断太过理想化、没有认识到一般智力仍处于资本统治

---

① 吴鑫：《左翼加速主义批判——兼论马克思的“机器论片段”》，《国外理论动态》，2020 年第 1 期。

② 姜淑娟、关锋：《数字时代的资本主义批判与加速启蒙——当代左翼加速主义思想探析》，《国外社会科学》，2020 年第 4 期。

③ 李慧敏：《当代西方加速主义批判理论的哲学审视》，《内蒙古社会科学》，2021 年第 4 期。

④ 李江峰：《加速主义：技术激进主义的社会忧思》，《内蒙古社会科学版》，2021 年第 5 期。

⑤ 陈晓：《加速理论视域下的“倍速播放”及其影像传播机制》，《当代电影》，2021 年第 3 期。

下，并作出了劳动价值论崩溃的错误判断。[①]同样，吴鑫也批判斯尔尼塞克和威廉姆斯对马克思文本的技术决定论式的误解，即错误地认为智识与技术本身的发展就能产生灭亡资本体系的力量，并且指出了马克思在《资本论》中对“机器论片段”部分观点的进一步完善修正。[②]此外，姜淑娟围绕数字时代的劳动、技术与资本，认为左翼加速主义基于“机器论片段”对马克思的解放哲学进行当代演绎，对西方社会生产方式在新条件下的新特点分析，确实继承了马克思对大工业机器体系批判和从生产关系内部批判的逻辑，对把握数字经济时代的西方社会提供了有益启发。但是左翼加速主义对“机器论片段”的重新利用是以违背马克思劳动价值理论为依据的，这样的批判是不科学的，变革策略也是不现实的。[③]

第三，《平台资本主义》的中译本由程水英翻译，广东人民出版社出版（2018 年）。围绕这一新的经济形态或企业模式，国内学者对此褒贬不一。董金平从加速主义与平台经济的关系、平台概念与类型、数字平台运行要素、无产阶级流动化四个方面，全面介绍了斯尔尼塞克关于平台经济模式的思考及对未来趋势的态度。[④]姜淑娟和关锋表明，数字化平台是左翼加速主义者理解和批判数字时代资本主义的中心，对平台经济存在的问题和垄断趋

① 雷禹、蓝江：《马克思主义与加速主义——兼论马克思〈政治经济学批判大纲〉“机器论片段”的当代价值》，《国外理论动态》，2019 年第 11 期。

② 吴鑫：《左翼加速主义批判——兼论马克思的“机器论片段”机器论片段》，《国外理论动态》，2020 年第 1 期。

③ 姜淑娟：《数字时代的劳动、技术与资本——基于“机器论片段”在当代左翼的两种解读路径》，《世界哲学》，2021 年第 3 期。

④ 董金平：《加速主义与数字平台——斯尔尼塞克的平台资本主义批判》，《上海大学学报》（社会科学版），2018 年第 6 期。

势的揭示，对贫富差距在平台经济中进一步拉大的判断，具有基本的历史唯物主义面向。[①]焦佩在简述国内外学者对平台经济模式的争论后，评析了斯尔尼塞克和威廉姆斯在处理平台经济的核心问题上的局限，得出了平台经济没有跳出资本增殖逻辑，只会加速新自由主义的推进和社会基本矛盾不可调和的结论。[②]谢富胜和吴越等人认为，斯尔尼塞克把当前经济体概括为"平台资本主义"是不恰当的，将其作为当前资本经济中的主导组织形式是值得商榷的，无论是平台公司还是平台经济都尚未成形。[③]

第四，构建后工作社会的未来设想是左翼加速主义的理论归宿，集中体现在《创造未来——后资本主义和一个无工作的世界》(2015 年)一书当中。目前，国内没有此书的中译本，且关于这方面的专门研究极少。杨慧民和张一波从"以'普遍主义'之名排斥差异、以'自由'之名占据未来、以'现代性'之名主宰进步"三个方面，概述了斯尔尼塞克和威廉姆斯对当代社会的揭露和批判，指出左翼加速主义者制定的后工作社会目标、系统性变革策略、左翼民粹主义运动的反霸权计划初衷可嘉，但因为它没有打破资本逻辑对自由的独占，并直接和现存社会秩序相决裂，所以其规划的未来目标并不会真正实现。[④]郑吉伟和周晓博围绕该著作对西方左翼加速主义作了整体性的叙

① 姜淑娟、关锋：《从数字悖论到加速转向——当代左翼加速主义批判进路及理论局限》，《广东社会科学》，2020 年第 3 期。

② 焦佩：《论平台资本主义的变与不变——兼评左翼的解决策略》，《政治学研究》，2021 年第 2 期。

③ 谢富胜、吴越、王生升：《平台经济全球化的政治经济学分析》，《中国社会科学》，2019 年第 12 期。

④ 杨慧民、张一波：《左翼加速主义的反霸权计划及其困限》，《马克思主义理论学科研究》，2021 年第 1 期。

述，详细讨论了左翼加速主义的形成和对于未来社会的建构，指出其未来蓝图中缺乏对革命主体的分析和探讨，缺乏对社会内在矛盾的本质性认识，这源于他们对马克思主义阶级立场和思想方法的背离。[①]

综观近年来国内学者关于西方左翼加速主义思想的研究状况可以发现，学者们在述评中对左翼加速主义的思想主张和社会变革策略展开了批判性解读和启发性追问。一是坚定地站在政治经济学的立场上审视金融危机后西方社会的新特征，分析了由数字技术或自动化技术快速发展带来的资本与劳动、技术与劳动、数据与资本、生产力与生产关系等关系。学者们主要认识到，虽然当代社会生产方式发生了新变化，但从未跳脱马克思政治经济学所揭示的资本增殖逻辑和基本矛盾的本质。二是坚定地站在历史唯物主义的立场上审视左翼加速主义关于未来社会设想的可能性与可行性，批判了其未来社会的乌托邦性质。学者们一致认为，任何回避政治经济学批判传统，任何不彻底摧毁私有制和等级制的社会变革构想或方案，终将流于理论思辨或乌托邦介入。

然而在国内，左翼加速主义及其相关理论还很新鲜，对其学术成果的译介不多，相关思想动态也鲜少跟进关注，表现在：一是研究不够全面。学界的研究集中于对《宣言》和《平台资本主义》的概述性的寓评于介，其他方面的理论成果没有被翻译，也很少被作为研究主题。二是评价不够全面深入。由于相关文献资料占有的局限性，学者对左翼加速主义思潮的评价呈碎片化、寓评于介模式，从某一问题或观点出发引出单一评价，虽然坚持历史唯物主

① 郑吉伟、周晓博：《西方左翼加速主义探析》，《前沿》，2022 年第 3 期。

义的立场与观点，却难免以偏概全，从内部评析其理论贡献和局限的整体研究很少。作为一种新思想，西方左翼加速主义思想在国内学界有很大的研究空间，很多理论观点有待进一步挖掘和追踪研究。

三、研究方法

本书主要采用以下三类研究方法：

第一，文献分析法。占有文献是科学研究的基础。围绕左翼加速主义思想这一研究对象，本书通过对国内外文献资料的查找、筛选、整理、分析，尤其是尚未被国内学者译介的外文专著、期刊文章等，时刻关注学术界关于本研究对象的最新文献动态。通过文献了解近几年国内外学界关于左翼加速主义思想及其相关话题的研究状况，从中总结值得借鉴的地方和应当避免的问题，在此基础上更全面地把握其思想脉络，更好地明晰研究框架。当然，对西方左翼加速主义思想进行整体性梳理和研究，除了要从大量文献资料中提炼其自身的理论观点和思想逻辑外，本书还涉及对这一思想形成的历史背景、现实诱因、演进过程、理论资源等外延性方面作分析和研究，对这些资料的搜集、整理和消化也是本书写作的重要准备部分。

第二，比较研究法。本书会将左翼加速主义思想的研究置于比较视域下，纵向对比加速主义在不同历史时期的发展演变，横向比较同一时期不同学者对某一现象或问题的理解，通过历时性和共时性相结合的考察，以便更全面、深入地把握左翼加速主义思想的整体图景。在运用比较研究法时，本书尽量避免集中在最后一章的思想评析部分，力图将这种比较视域在全书多处呈现，比较对象涉及右翼加速主义、社会加速批判理论、西方马克思主义、经典马克思主义理论等，以及兰德、葛兰西、拉克劳与莫菲、奈格里、福克斯等理论家，在多重比较视域中更好地发现左翼加速主义思想的可取之处和逻辑缺陷。

第三，历史和逻辑相统一的研究方法。这是唯物辩证思维方法之一，将事物历史形成和事物运行逻辑进行综合性考察和分析是实现对事物正确认识的基础。本书对西方左翼加速主义思想的研究力求做到历史逻辑和理论逻辑的相结合，既详细叙述了左翼加速主义思想形成的历史背景和思想演进过程，又分析左翼加速主义思想内在的技术解放潜力和大众政治权力的逻辑线索。在对左翼加速主义思想的整体评析部分，也从历史和逻辑统一的角度分析其思想贡献和逻辑局限，避免对新思想的一味批判。

四、研究难点和创新之处

本书在研究过程中的第一个难点是相关文献资料的查找与翻译。国内学界从 2018 年开始出现关于西方左翼加速主义思想的译介文章，对其思想研究处于初步探索阶段，需要查找并翻译大量外文文献，有些资料还受制于渠道的限制难以获取。并且由于本人外文水平有限，对相关学术性外文文本的翻译并不专业，导致对原著原文的理解不够通透，增加了学术研究的难度。第二个难点是本书以斯尔尼塞克和威廉姆斯的左翼加速主义思想为主要研究对象，其中涉及的人物、议题、理论较多，包括兰德、德勒兹和加塔利、葛兰西、拉克劳与莫菲、意大利未来主义、后现代主义、新自由主义、控制论、自动化、占领运动、民间政治、霸权、民粹主义等，意味着要从多学科中提炼左翼加速主义思想的主要论点和论据，并逻辑自洽地整合到一个研究体系中，避免陷入资料堆砌的误区和简单介绍的误区，这对本人的抽象思维和整体思维能力提出了一定挑战。

本书可能的创新之处体现在：第一，从整体上准确把握西方左翼加速主义思想。左翼加速主义是 2008 年金融危机爆发后复兴的激进左翼理论之一，2013 年《宣言》正式发表，2018 年国内学者将《宣言》翻译为中文并开始零星出现相关学术成果。从目前国内的研究状况来看，左翼加速主义是一个比较新颖的话题，国内学者关注不多，有很大的研究空间，公开文献主要围绕《宣言》和《平台资本主义》展开研究，要么简要进行思想概述和评析，要么阐述思想的某一部分。本书希望在翻译、分析大量加速主义外文文献的基础上，通过历史和逻辑相结合的方法将其作为一个完整的理论体系进行研究，力求在理论上建构其历史、现状、未来的全景式思想图景，对其进行立体式叙述和客观评析，不仅希望成为介绍 21 世纪西方左翼新思想的文献，也希望成为研究左翼加速主义整体思想的重要文本。

第二，左翼加速主义思想是 2008 年金融危机爆发后的新思潮新思想，其中有一些值得研究和引人思考的新概念和新论断，本书着重研究其关于西方现代性、技术加速、自动化、平台资本主义、工作危机、民间政治、反霸权、未来社会规划等问题的看法，这些对当代西方社会矛盾的新见解，以及对资本主义新形态的分析可以为认识后危机时代的资本主义社会现实和国内相关研究问题提供新视角。

第三，本书运用历史唯物主义和辩证唯物主义的观点和方法，力图从多个方面、以多种方式全面分析,在历时态和共时态的比较视域下,从左翼加速主义思想的内在逻辑本身进行辩证评析和定位,并探讨其思想对马克思主义回归和偏离的方面,避免陷入对新思想片面批判的误区。

第一章　加速主义思想的形成

一、思想缘起：20 世纪 70 年代以来西方社会的转向

20 世纪 70 年代，西方社会的经济模式、政治制度、社会生活、思想文化等都进行着又一轮的新旧交替，又一次面临重大的划时代转型。与此同时，新社会运动兴起并在实践中不断壮大斗争力量和扩大社会影响，这些变化不可避免地改变着人、自然、社会之间的关系，以及原先的思维方式和价值取向。传统马克思主义在解释社会现实变化和新社会运动现象中遭遇了挫折，并在与后现代主义思潮的碰撞和互动中逐渐发生后现代转向，社会批判范式发生重大变化，为后来社会批判思想的建构奠定了基本基调。

(一)西方社会的新变化

1. 后福特主义成为主导性的生产方式

“福特主义”(Fordism)一词出自安东尼奥·葛兰西(Gramsci Antonio)的《狱中札记》——“福特主义和美国主义”,用来描述一种在美国发端后流行于欧洲和世界的新型生产方式和生活模式。福特主义的生产方式得益于美国实业家亨利·福特(Henry Ford)在汽车生产工艺和组织管理上的创新,以标准化大生产与大众消费为基础的福特主义生产模式开创了现代社会工业史的新纪元,加之凯恩斯主义的国家干预和福利国家政策对生产和消费的调节,西方国家进入经济稳定高速发展的“黄金时期”。然而福特主义在20世纪70年代遭遇了巨大危机。一方面,大规模的社会运动兴起、国际货币体系从固定汇率变为浮动汇率、第四次中东战争引发了石油危机、粮食价格出现波动等多重因素,直接影响了福特主义批量化生产所需要的大量劳动力、原材料、能源的供应和对商品价格波动的预测。另一方面,凯恩斯主义的紧缩货币政策导致剧烈的经济衰退、生产停滞和价格膨胀,大量工人失业、工资下降,大规模生产导致的国内消费市场饱和,以及新兴工业化国家开始涌入国际市场,使得与福特主义标准化大生产相契合的大规模市场遭到破坏。戴维·哈维(David Harvey)表示,福特主义生产方式的主要问题是“刻板”,尤其是在生产规模和固定资本、劳动力分配和劳动契约、国家义务承担等方面有着突出表现,正是这些“刻板”破坏了资本、劳动力、政府之间的相互调节,导致资本积累链条被破坏。

总之,标准化大生产与大众消费的良性循环出现断裂,动摇了福特主义生产和再生产模式的根基，资本积累的稳定器已然成为资本持续增殖的桎梏。于是，发达西方国家从 20 世纪 70 年代中期进行经济重建试验，福特主义开始转向后福特主义。后福特主义生产方式最先出现在日本丰田汽车公司，始称“丰田主义”(Foyotismus)，西欧企业引入后又称“后福特主义”(Post-Fordism)。不同于福特主义的生产和消费模式及严格的科层制管理，后福特主义的最大特征是强调生产和消费的灵活性、劳动力分配和劳动契约的弹性化。

首先，生产型态上偏向中小批量低成本生产、区域经济、有组织的外包、中小企业合作，生产流程上尽可能做到零延迟和零库存，生产设备上多采用非高度专业性的通用机器，最大限度提高机器利用率，加快资本周转速度，减少不必要的生产消耗，以此打破福特主义生产模式的刻板，使企业能灵活应对市场动态和竞争风险。

其次，消费领域的服务主体从生产者转向消费者，从标准化商品生产转向多样化商品和服务，从商品生产转向文化生产。利用先进的电子信息技术追踪大众消费行为，并将市场反馈信息传递给产品供应商和生产商，特定消费者的特定需求被纳入生产过程；关注大众市场的时尚变化，调动刺激消费的技巧(广告和媒介)，并在消费中提供多样化的短暂性服务，以此打破福特主义标准化产品的大规模市场，加快交换和消费速度，提升资本利润率。

最后，雇佣具备多种熟练技能的高素质工人，工人通过培训、轮换可以完成设计、生产、管理、监督、销售、服务等多重任务，增加了工人在生产中提升技能的机会；劳动管理结构趋于水平化，工人在由不同职能部门构成的相互协作的工作小组内部，具有自我安排工作和调整流水线生产的部分自主权,个人工资由所在小组的集体效益进行评估,工人更多地承担起保证产品数量和质量的责任;全日的、永久身份的核心雇员在劳动力市场上正在减少,非全日、临时、转包合同的雇员比例增长明显,以此打破福特主义劳动分工、管理和契约的刻板模式,劳资关系从对抗走向合作。

2. 新自由主义成为全球主流意识形态

从福特主义转向后福特主义,西方社会经济基础或生产方式的这一变化必然影响上层建筑,集中表现为新自由主义成为全球主流意识形态。1929—1933年的经济大萧条敲响了古典自由主义的丧钟,1936年英国经济学家约翰·梅纳德·凯恩斯(John Maynard Keynes)的《就业、利息和货币通论》标志着西方经济学研究范式的根本转变。凯恩斯主张加强政府对经济的全面干预,在失业率上升时应降低利率和增加货币供应以刺激消费和投资,在通货膨胀上升时应提高利率和减少货币供应以控制价格上涨,这种经济政策成功解决了经济萧条和失业危机,推动发达国家在第二次世界大战后进入经济持续繁荣的黄金时期,凯恩斯主义的主流地位得以确立。20世纪70年代,经济停滞、高通货膨胀率和高失业率并存的"滞胀"危机逐渐出现,凯恩斯主义陷入理论解释力失灵和政策实践无能为力的困境,经济危机催生了新自由主义的复兴。20世纪70年代末80年代初"撒切尔新政"和"里根革命"使新自由主义从经济理论发展为国家治理理念,1990年"华盛顿共识"的出台标志着新自由主义制度的范式化、全球化,一些东欧社会主义国家和拉美国家纷纷效仿,新自由主义发展为全球经济政治意识形态的主流。

新自由主义推崇个人主义和自由至上。首先,在经济上集中表现为个人在市场上逐利的自由。新自由主义者坚信,自由市场是人类迄今为止最完善的机制，信奉“市场万能论”，反对政府干预。一方面，政府干预会影响市场供求信息的正常传递，降低经济运行效率，造成经济不稳定。在对 20 世纪 70 年代经济动荡的反思中，新自由主义者将通货膨胀率和失业率攀升、政府财政赤字扩大、企业生产率增速减缓、资本利润率降低、经济周期性波动加剧等经济问题归因于政府对经济运行的过度干预，提出一系列市场化改革的政策建议。另一方面，政府干预会破坏民主，侵犯个人权利和制约个人自由，造成社会的不稳定。自由主义将个人与集体对立、个人自由与社会制约对立，并强调前者的优先性。所以新自由主义者攻击计划经济是“通向奴役之路”，社会主义是“极权主义”。

其次，新自由主义坚信，私有制是推动人类历史发展的最完善的制度。1973—1975 年阿拉伯石油输出国针对西方国家的提价、减产、禁运等石油制裁引发了世界性经济大危机，为维护资产阶级的经济利益，西方多数国家开启了私有化改革，将公共财产及其所有权转变为私人所有。私有化改革的核心是国有企业私有化，政府直接出售或以股份形式出售部分国有企业和资产，也通过转包或凭订单订货的方式使私营部门大幅进入政府控制部门，国有企业转变为私营企业和公私合营企业。政府下调企业所得税率和个人所得税率，鼓励私人在养老、失业、医疗、卫生、教育等领域提供服务，社会公共服务逐渐私有化。此外，解除劳动力市场管制，允许企业根据利润增减调整工资，通过立法、压制罢工等手段，打击和削弱了工会组织等措施，也有力推动了私有化改革的顺利进行。20 世纪 70 年代末以来，开始于英国的私有化改革浪潮很快就席卷了整个西方世界，从西欧各国到日本再到加拿大和美国，又蔓延到韩国、新加坡等新兴工业化国家，后来拉美、苏联和东欧、亚洲等国家也迅速走上私有化道路。

最后，新自由主义宣扬全球一体化，主张消除贸易壁垒，解除外汇管制，实现贸易和金融自由化，建立以市场为导向和以自由贸易为特征的世界经济模式。在战略实践上，以美国为首的西方发达国家主要借助国际货币基金组织（IMF）、世界银行（WB）、世界贸易组织（WTO）等国际组织，以及以经济援助之名强制发展中国家接受新自由主义经济改革，以实现全球一体化的目标。1990 年的“华盛顿共识”鼓励发展中国家推行经济私有化，并先后在拉丁美洲地区、苏联和东欧国家、亚洲一些新兴工业化国家展开试验，这是西方发达国家向发展中国家兜售新自由主义经济模式的工具。20 世纪 70 年代以来，金融资本上升为垄断资本的核心，而金融资本在全球的自由流动是实现全球资本化的重要杠杆。为此，西方发达国家开始推动金融自由化，涉及政府放松对金融机构的监管、利率和汇率自由化、金融机构服务多元化、金融市场对外开放、外汇交易自由化等。由于在金融监管和风险规避方面的机制不完善，以及经济结构和金融体系方面存在的不足，欠发达国家和地区在金融自由化改革中发生了严重的金融危机和社会动乱。

3. 后现代主义思潮兴起

经济危机、资源浪费、环境恶化、精神失落、军备竞赛等消极现象使人们对现代社会的质疑、厌倦情绪持续滋长，一种反思、质疑、批判、超越现代社会和现代性的泛文化思潮——后现代主义（Postmodernism）——随之兴起。后现代主义思潮是当代西方社会经济政治文化矛盾的真实反映与写照，是一种融会社会变迁而衍生的文化解读范式，深刻影响人们的生产、生活和思维方式。

后现代主义虽然已经成为流行语，但其本身是一个在内涵和外延上颇受争议的词汇，至今尚未形成一个共识性的定义。后现代主义否定自启蒙运动以来资本主义社会主流文化的理论基础、思维方式和价值理念，大致可从文学艺术、社会文化、哲学思维三个维度加以理解。鉴于左翼加速主义思想研究的需要，第三维度的后现代哲学是本书论述的重点。后现代哲学不是一个哲学流派，一般是指 20 世纪六七十年代以来在西方出现的反西方现代体系哲学倾向的文化思潮，其真正流行的标志是法国哲学家让-弗朗索瓦·利奥塔(Jean-Francois Lyotard)撰写的《后现代状况：关于知识的报告》(1979年)的出版，书中指出："用极简要的话说，我将后现代定义为针对元叙事的怀疑态度"[①]，这是关于后现代主义定义的首次出现。大致而言，后现代哲学分为解构性后现代哲学和建设性后现代哲学，前者以彻底否定现代主义哲学传统为特征；后者同样否定现代哲学，但主张辩证地否定，不赞成将其彻底摧毁，强调超越其弊端、汲取其合理内核。尽管哲学家们在理论建构中基于不同的理论来源、运用不同的论证方法，甚至不使用后现代主义这一名称，但后现代哲学家的理论视域基本保持一致，那就是对形而上学统治这一现代性问题根源的拒斥，在思想实质上都反对理性主义、绝对真理、本体论、反映论、人类中心主义，主张世界是异质的、人是非理性的，宣扬非中心性、非确定性、非连续性、非一元性。总之，后现代哲学就是要质疑过去被认为是确定无疑的理念和立场，打破现代哲学僵化、空洞的思维定式，重塑人们的思维方式，而这种哲学逻辑必然带来人们对资本主义批判和马克思主义认

① [法]让-弗·利奥塔等：《后现代主义》，赵一凡等译，社会科学文献出版社，1999 年，第 3 页。

识的变化。

(二)新社会运动的兴起

社会运动集中体现了时代变迁和社会转型所引发的矛盾问题和人们的价值追求,在一定程度上可看作社会变迁的晴雨表。20 世纪六七十年代以来,西方社会进入了新阶段,随之也产生了新的矛盾和反抗。作为一个学术概念,“新社会运动”最初由意大利社会学家阿尔伯特·梅卢西(Alberto Melucci)在 1980 年发表的《新社会运动:一个理论思路》[①]一文中提出,但国内外学界对新社会运动的概念尚未达成共识,引用较多的是来自汉克·约翰斯顿(Hank Johnston)的界定——“新社会运动主要是指西方 20 世纪 60 年代以来发生的和平运动、学生运动、反核抗议运动、少数民族的民族主义运动、同性恋权利维护运动、女权权利、动物权利、生态运动等”[②]。可见,新社会运动是西方社会出现的各种群众抗议的统称。

新社会运动的兴起可直接追溯到 20 世纪 50 年代末出现在美国的青年反主流文化运动,俗称“嬉皮士”运动。作为成长于战后“黄金时代”的西方发达国家的青年一代,他们不认同美国中产阶级的传统生活模式和文化价值观,以穿奇装异服、听摇滚乐、建群居村、放纵性欲、同性恋、吸食毒品等反叛越轨行为来表达对主流文化的敌视,发泄对现实社会的不满,寻求人的精神解放和生存状态的更新。20 世纪 60 年代中期,美国青年的反叛运动逐渐蔓

① Alberto Melucci, The New Movement: A Theoretical Approach, *Social Science Information*, 1980, Vol 10(2), pp.199–226.

② Hank Johnston & Albert Melucci, *New Social Movement*, Philadelphia: Temple University Press, 1994, p.3.

延至西欧发达国家，联邦德国、意大利、英国、法国等地相继发生青年造反活动，并在1968年爆发的法国“五月风暴”中达到学生造反运动的高潮。在校青年大学生发动的抗议运动，从巴黎大学扩散至法国其他大学，从学潮运动发展为席卷全法国的罢工浪潮，从要求改革高等教育制度上升为反对戴高乐政府的政治危机和社会危机，这场运动风暴的影响力从法国扩展至整个西方世界。1968年轰轰烈烈的“五月风暴”虽以失败告终，但其所展示出的不同于传统工人运动的价值理念、抗议形式、组织结构，为后来的新社会运动的出现准备了条件，成为社会运动发展的一个重要历史拐点。

20世纪70年代中叶以后，伴随着西方社会经济政治趋于转型、传统左翼力量走向衰落、工人运动在欧洲陷入低潮的另一番气象，是真正的、完全意义上的新社会运动的产生，并在实践中不断壮大斗争力量和扩大社会影响。它们反对西方国家的政治制度、社会体制、意识形态，挑战着资本主义的权威，成为西方政治生活中不容忽视的社会现象。在1968年学生运动的影响下，这一时期的社会运动从内容到形式都彰显着新社会运动的新特征，其中以绿色环保运动、新女权运动、反核和平运动最具代表性，这些大规模的民众示威游行引起了社会各界的高度重视。20世纪80年代中后期，新社会运动在与国家博弈的过程中逐渐从边缘化走向制度化，即社会运动开始被吸纳进国家制度框架，体现为有的新社会运动组织利用议会方式争取斗争结果，其成员进入国家议会，并取得一定数量的议席，如新西兰价值党、英国和美国的绿党等；有的运动组织主动寻求与当局合作，试图从体制内影响国家或政府决策，如女权运动。制度化无疑对新社会运动造成一定影响，但并未平息或中断其继续发展。

20 世纪 90 年代后，伴随全球化迅猛推进的是一些全球性问题的凸显，新社会运动在全球化背景下以反全球化的新面貌展开，新社会运动进入新的发展阶段。一般来说，1994 年墨西哥恰帕斯州（Chiapsa）因反对北美自由贸易区协定生效而爆发的萨帕塔运动（Zapatistas），吹响了反全球化运动的号角。1999 年世界贸易组织部长级会议在西雅图召开期间，数百个非政府组织和五万多名抗议者组织了大规模的抗议游行活动，这场“西雅图风暴”可以说真正拉开了反全球化运动的序幕。从此，反全球化成为新社会运动的基本议题，反“血汗工厂”运动、反恐运动、全球正义运动等新兴运动类型，以及绿色环保运动、女权运动等以前兴起的运动类型，都纷纷融入并活跃于反全球化运动中，使之成为国际舞台上一支极为活跃的社会力量。

新社会运动是相对于传统工人运动而言的，以 1968 年法国“五月风暴”为界，呈现出诸多新特质。其一，运动议题带有后物质主义色彩。工业社会时期，由于残酷的经济剥削和政治封闭，工人运动致力于争取政治权力和物质利益。在产业结构转型及国家政治过程渐趋开放的后工业社会背景下，新社会运动的抗议重心不再是经济增长、资源分配、社会保障等物质方面的追求，更偏向诸如公民自由、自我实现、生态环境、性别平等、性压抑、核威胁等涉及生活世界和社会文化等非物质性问题，表现出一种后物质主义的价值倾向。

其二，运动主体以新中间阶级为主要力量。20 世纪六七十年代以来，以信息通信为轴心的科技革命浪潮深刻影响了西方发达资本主义国家的产业结构和阶级结构，服务业为主体的第三产业上升为国民经济的主导，从事脑力劳动的新中间阶级数量迅速增加且作用增强。这些新中间阶级是在第二次世界大战后经济繁荣期——物质充裕、社会安定、教育普及、消费发展——出生的一代，大多接受过高等教育，文化水平高、思维活跃、洞察力强，具有参与政治活动的强烈意愿。

其三，运动形式具有非常规、非暴力、直接行动的特征。公民参与社会政治生活的形式一种是直接参与（公民进入国家政治体制进行直接投票），另一种是间接参与（公民选举代表人或利益集团代表自己进行投票），这两种常规的政治参与形式都局限于政治体制范围内。由于新中间阶级反对科层制和等级性，奉行“非暴力主义”，所以新社会运动往往避开传统的政治参与渠道，采取集会、静坐、游行、示威、请愿、占领等体制外、街头式、非暴力的直接行动，由此引起更多人对运动议题的关注和同情，扩大公共舆论影响力，实现预期的运动目标。当然，根据行动状况灵活运用传统政治参与方式也是新社会运动的典型特征。

其四，运动组织倾向于非中心、分散化、网络化的组织结构。新社会运动是涵盖各项议题、各种派别、各类抗议群体的开放大联盟，每一个独立的运动团体又是由不同社会身份和利益诉求的群体在当地自发集结，没有正式的领导者和明确的章程规范，参与人员可自由流动，或形成更大的聚合体，或分散为规模更小的团体。新社会运动参与者之间的联系呈网状结构，通过一系列诸如亲缘、邻里、种族、性别、职业等的个人或群体关系形成共同的身份认同，借助便捷快速的现代通信技术实现群体动员和信息传递。这种组织形式使新社会运动在增强基层参与、扩大民众合作、达成行动共识方面更具操作性和灵活性。

(三)后现代转向

20世纪30年代,卢卡奇、葛兰西、柯尔施结合新的历史实践,融合新的理论成果,运用自己对马克思文本的理解与第二国际展开激烈论战,并对各种流行的社会思潮进行分析批判,在国际共产主义运动内部形成一种异质于正统的对马克思文本和思想的解读范式,后逐渐发展为一股以"西方马克思主义"(Western Marxism)命名的理论思潮。

"西方马克思主义"概念的明确使用来自柯尔施,用来说明与正统对立的思想观点,其广泛流传得益于1955年梅洛-庞蒂《辩证法的历险》的出版,卢卡奇和《历史与阶级意识》被看作西方马克思主义的创始人和"圣经"。作为一种批判范式,西方马克思主义理论随着资本主义社会的形态更替而变化,从20世纪早期受新黑格尔主义影响的以关注无产阶级革命意识为主题的理论建构,到30年代后在新人本主义的逻辑架构下走向人本主义的马克思主义,其中法兰克福学派的影响最大,再到60年代中期由于以阿尔都塞为代表的结构主义的形成而出现人本主义和科学主义并行发展的理论盛况。1968年,西方大规模的青年造反运动使西方马克思主义从蛰伏于书斋的论辩走向现实的政治运动,其理论被奉为新左派运动的思想武器,马尔库塞还被誉为"青年造反者的明星和精神之父"。20世纪70年代是一个断裂的年代,也是西方马克思主义发展史上的分水岭,在与后现代主义思潮的碰撞和互动中发生了后现代转向,出现沃勒斯坦所称的"千面马克思主义"现象,在这里我们将之统称为"后马克思主义"(Post-Marxism)。需要说明的是,后马克思主义在学界尚未形成一种共识性的概念内涵和外延,广义上泛指运用后现代主义、后结构主义的理论和方法研究马克思主义和分析资本主义的理论,狭义上特指拉克劳与莫菲以“激进多元民主”为纲领的后马克思主义。

后马克思主义就是在后现代哲学的思想平台上重新认识和理解马克思主义。后现代哲学将现代性问题归因于西方形而上学的统治并展开批判,具体来说,第一,后现代哲学要求结束自古希腊开始的西方思辨哲学,宣告形而上学的终结,消解同一性、总体性、同质性、普遍性,突出差异性、中介性、多样性、个别性,对本体论、二元论、基础主义、实体主义、本质主义持反对态度。第二,后现代哲学要求结束自柏拉图开始的西方理性主义,宣告理性权威的终结,肯定意义的非确定性、知识的非统一性、价值的非一元性、历史的非连续性,强调信念、延异、游戏,宣扬非理性主义。第三,后现代哲学要求结束自近代开始的主体中心主义,宣告人类中心的终结,宣扬非中心主义。

后现代哲学对现代性的批判性认识是后马克思主义解构经典马克思主义的基本遵循。在后现代哲学论域下,后马克思主义者认为,马克思主义是在现代社会形成的理论形态,存在现代性弊病,马克思主义哲学具有形而上学的本体论特点,是一种现代思维逻辑,体现了一种对总体性、普遍性、元叙事的追求,具有本质主义、基础主义、二元论、决定论等传统取向。借用后现代的理论和方法对马克思主义进行改造,是后马克思主义者共同的思想特征。比如,德里达直言自己的理论是“解构的马克思主义”[①]。法兰克福学派领袖之一西奥多·阿多尔诺(Theodor Wiesengrund Adorno)对传统形而上学的批判给了后马克思主义以直接启迪,利奥塔称其为后现代理论的创始者之一。

① [法]雅克·德里达:《马克思的幽灵:债务国家、哀悼活动和新国际》,何一译,中国人民大学出版社,1999年,第130页。

张一兵教授也认为,阿多尔诺对总体性和同一性的批判是西方马克思主义理论思潮在理论逻辑上结束的标志。阿多尔诺认为,“总体是不真实的”,人的大脑无法把握实在的总体,古希腊以来对终极实在、永恒真理、绝对精神的探寻都是幻象,致使传统哲学陷入以同一性为目标的认识论困境。他指出,思维的合法性不是来源于肯定同一性,而是否定,并将非同一性作为否定辩证法的理论根基和一切哲学的元问题。阿多尔诺的否定辩证法是以否定为中介的多元、立体思维,是对传统同一性思维的根本改造,把辩证法从封闭的概念体系和本体论中拯救出来,将现实、个别性、特殊性提升到辩证思维的高度,确立了一种反概念、反体系、反传统的新的辩证法形态和哲学立场。这种激进的否定性精神和后现代理论取向具有内在的同构性,预示了西方马克思主义的后现代转向,而否定辩证法的哲学原理也深刻影响着后马克思主义者的理论建构。

后马克思主义批判经济决定论是传统马克思主义“本质主义的最后堡垒”,要求解构和改造历史唯物主义的宏大叙事,这种本质主义的解构受惠于法国哲学家路易·阿尔都塞(Louis Pierre Althusser)。20 世纪五六十年代,关于“青年马克思”的论争达到高潮,人本主义马克思主义潮流在西欧普遍流行,对马克思主义的黑格尔化理解在法国思想界越来越严重。1965 年,为“保卫”马克思及其学说的科学性,阿尔都塞陆续出版《保卫马克思》和《读〈资本论〉》,开始了对人本主义的宣战和对科学主义的积极构建。相比于黑格尔辩证法的“一元决定”,阿尔都塞指出,马克思的辩证法是“多元决定”。阿尔都塞将这种辩证法引入社会历史运动,论证马克思的社会观和历史观在本质上也是多元决定的,得出社会历史的发展取决于由经济因素“归根到底”的决定作用基础上的各种上层建筑因素的多元决定的结论。“多元决定”对复杂社会结构内在关系的解释打破了传统中的“经济决定论”，上层建筑的相对独立性和特殊效能被凸显，这成为解构传统马克思主义的重要理论参照。拉克劳与莫菲曾是阿尔都塞思想的信徒，多元决定论是他们理论构建的一个重要支撑点，但他们的观点显然比阿尔都塞更加激进、更加极端。后马克思主义是西方马克思主义在 1968 年由高潮跌入低谷后出现的左翼思想的新转向，尽管其理论在西方社会被看作非主流性甚至是边缘性的，却是一股批判当代资本主义的激进力量，对于激活在西方社会处于低潮的马克思主义和社会主义运动具有积极作用。

自 20 世纪 70 年代，西方社会的生产方式由标准化、刻板的福特主义转向弹性化、灵活的后福特主义，以市场化、私有制、金融自由为特征的新自由主义意识形态占据主导地位，批判现代社会和现代性的后现代主义思潮兴起。这种时代的变迁和转型必然引发新的社会矛盾和反抗形式，出现以新中间阶级为主要力量，且表现为后物质主义倾向、非暴力、非中心化的运动组织。在思想上，作为批判范式的西方马克思主义理论也随着社会现实的变化发生后现代转向，形成以解构传统理论为特征的后马克思主义。以上新变化形塑了 20 世纪 70 年代直至现在西方社会经济模式、政治制度、社会生活、思想文化的基本框架，西方学者在此社会情境中建构社会批判理论和探寻人类解放的新道路。正是在这种社会转型和理论转向的大背景中，西方左翼加速主义者试图根据当代西方社会的新趋势与新自由主义展开对话，在汲取新社会运动和后马克思主义思想的积极因子中寻找解放之路。

二、思想诱因:2008 年全球金融危机的爆发

20 世纪 70 年代,西方社会的划时代转型是左翼加速主义思想形成的历史大背景,诸多论题并未超出这一大转型时期的理论视域。2008 年,全球金融危机的爆发让身处西方发达世界的左翼加速主义者对其社会体制的合法性产生了深深的质疑,并思考另一种世界的可能性。

(一)美国次贷危机引发全球金融危机

2007 年 4 月,美国第五大银行贝尔斯登旗下的两支对冲基金因将大量资金投入次级抵押贷款证券交易,导致严重亏损并倒闭,成为次贷危机爆发的起点。随着美国第四大投资银行雷曼兄弟公司在 2008 年 9 月宣告破产,美国金融危机全面爆发并向全球蔓延。

次贷危机源于美国房地产次级抵押贷款利益链的断裂。互联网科技泡沫在 2001 年破灭后,美国经济增长的引擎转向了房地产市场,在美联储多次下调联邦基准利率和布什政府实施鼓励购房的政策后,美国人的购房热情普遍高涨,住房价格持续攀升,房地产市场高度繁荣,为衰退的美国经济注入了一股新鲜力量。房市的繁荣带动了次级抵押贷款市场的活跃度。一方面,由于政府的低利率政策降低了次级抵押贷款成本,那些收入不高且想购房的群体纷纷选择次级贷款;另一方面,次级贷款收益率高于优质贷款,贷款机构在高利益回报的驱使下放松了对借款人还贷能力的资格审核,向信用评级不高的低收入群体大量提供住房按揭贷款,次级贷款的市场占比不

断扩大。同时,次级抵押贷款市场的高回报、高利润,刺激着商业银行铤而走险进行金融创新,多种高风险的次级抵押贷款产品大量出现。比如,将次级抵押贷款打包进行证券化处理,掩盖债券来源的真实信用品质,将抵押贷款支持证券(MBS)出售给投资银行,投资银行再将担保债务凭证(CDO)出售给对冲基金、养老基金、保险基金等投资者,银行购买信用违约互换(CDS)以分散次贷违约风险。在低利率和房价只涨不跌的特殊阶段,这些经过层层包装的金融衍生品广受投资者青睐,价格持续看涨。金融衍生品的规模在金融监管缺位及投机和高杠杆运作下不断膨胀,其规模远远超出次级抵押贷款等基础资产的规模,但这种虚拟资产泡沫不具有可持续性,次级贷款风险被自由的金融创新机制掩盖并放大,也为后来的金融危机爆发埋下了一颗雷。

美联储自 2004 年起通过多次上调联邦基准利率的方式来防止出现经济过热和通货膨胀的局面,美国住房价格从 2006 年第二季度开始下跌,房市泡沫随之开始破裂。由于低收入购房者的还贷压力和再融资困难增加,不能按时偿还购房贷款,次级抵押贷款市场出现大量违约事件,商业银行不能按时收回放贷本金,资金周转出现问题。伴随而来的是,基于次级抵押贷款的金融衍生品的信用风险增加、市场价值缩水、流动性不足,对冲基金公司前期的投资严重亏损,甚至破产清算,次级抵押贷款的利益链条现阶段变成了金融风险的传导链条。“多米诺骨牌效应”继续影响货币市场、信贷市场,华尔街五大投资银行纷纷破产或被接管,信用紧缩、股市暴跌,次贷危机的影响渗入金融领域的各个角落,并蔓延到实体经济,导致房地产投资缩减、制造业产值下滑、失业率上升、居民收入下降、消费低迷等经济下行局面,美国经济陷入 20 世纪 30 年代以来最严重的危机困境。此外,第二次世界大战后,通过布雷顿森林体系建立了国际美元本位制度,美国确立了在国际金融秩序中的主导地位,美国利用其金融优势影响其他国家和地区的经济运行,发达国家在自由化改革中相继放松政府对金融机构的管制,拉美、东亚、东南亚等国家和地区在"华盛顿共识"的推动下也纷纷效仿西方国家推行金融自由化政策。如此,在美国主导的金融自由化和全球化下,作为世界上最大的债务国的美国已将其债权人拖入金融危机的泥潭,美国的金融风险不可避免地会影响许多国家和地区的金融体系稳定,出现全球性金融危机,作为世界上最大的经济体,美国金融危机不可避免地会影响全球经济总体发展形势。

总之,21 世纪初美国次贷危机引发的金融危机使美国遭遇百年一遇的经济困境,其在世界各经济体的迅速、大范围蔓延之势造成了全球性经济衰退,由此又引发了一系列的政治动荡和社会运动,社会矛盾和冲突在危机下被放大,掀起对西方社会经济政治体制的批判浪潮。

(二)金融危机掀起社会批判思潮

21 世纪初,美国次级抵押贷款市场的风险动荡因自由的金融创新机制,尤其是金融衍生品的投机运作传导至金融系统的各个部分乃至实体经济,在全球化的助推下演变为全球性的金融危机,发达国家的经济严重衰退,新兴市场和发展中国家的经济蒙受巨大损失。在对这场全球性金融危机的反思中,以自由化、市场化、私有化、全球经济一体化为主要特征的西方经济政治体制成为众矢之的,金融危机的爆发暴露了其理论体系的内在缺陷和实施政策累积的恶果,新自由主义经济工具不再是阻止危机的灵丹妙药,掀起一股社会批判思潮。

华尔街金融动荡对国际金融秩序的严重影响，使西方国家开始重新审视曾被他们作为“别无选择”的经济政策。法国前总统尼古拉·萨科奇（Nicolas Sarkozy）在 2008 年 10 月召开的欧盟 27 个成员国首脑会议上高呼：“自由主义终结了”，倡议“重新建立自二战以来统治整个国际金融交易的资本主义体系”，提出“新布雷顿森林体系+新资本主义”。[①]德国前总理安格拉·默克尔（Angela Merkel）和英国前首相戈登·布朗（Gordon Brown）在会上表示了支持。日本前首相鸠山由纪夫指责小泉纯一郎时期全面推行的美式自由主义化改革，造成了日本严重的贫富分化，使日本陷入第二次世界大战后最严重的经济衰退困境。作为创造了美国经济长期繁荣奇迹的“艺术大师”和信奉完全市场经济的“标志人物”，美联储前主席艾林·格林斯潘（Alan Greenspan）在 2008 年 10 月召开的国会听证会上承认，他所坚信的自由市场理论不是完美的，不受制约的自由市场也不是经济良好运行的根基，并坦言“自由和竞争的市场机制中的一个关键支柱已经坍塌”。

此外，拉美地区是“华盛顿共识”的最先试验区，而普遍推行的新自由主义经济改革和“涓滴效应”并未给拉美人民带来富裕、民主、自由和安全，反而加剧了许多国家的社会矛盾，引发严重的社会动荡和混乱，所以拉美地区反对新自由主义的抗争从未停止。拉美左翼强调，新自由主义是一个过时的东西，拉美新自由主义已经宣告失败。委内瑞拉前总统查韦斯（Hugo Rafael Chávez Frías）主张，在拉美地区推行“21 世纪社会主义”运动，其意图就是要

① 潘金娥：《华尔街金融风暴宣告新自由主义的破产》，2008.11.14，http://www.wyzxwk.com/Article/guoji/2009/09/52964.html，2022-12-28.

取代新自由主义以实现拉美解放；厄瓜多尔共和国前总统拉斐尔·科雷亚（Rafael Correa）也表示，美国经济模式已经病入膏肓。

西方学术界的批评之声更加强烈。约瑟夫·斯蒂格利茨（Joseph Stiglitz）指出，新自由市场原教旨主义从来就没有获得过经济理论的支持和历史经验的支持，金融危机就是最好的证明，它只是服务于维护统治集团利益的政治教条，恢复世界经济的希望就在于对自由市场的本质认识并汲取教训。保罗·克鲁格曼（Paul R. Krugman）认为，近三十年来世界经济危机并未消失，拉美各国、东南亚各国都曾爆发金融危机，当前美国的金融危机也只是它们的延续，这些危机归根到底是新自由主义政策推行的必然结果。英国左翼学者亚历克斯·卡利尼科斯（Alex Callinicos）指出："我们所面临的这场经济危机暴露的是整个资本积累过程中一直发挥作用的深层次矛盾，而不仅仅是凯恩斯和明斯基所主张的金融市场的功能障碍。"[①]热拉尔·杜梅尼尔（Gérard Duménil）和多米尼克·莱维（Dominique Lévy）是两位来自法国的左翼学者，他们指出金融危机发生的体制因素除了缺乏有效的金融监管外，更重要的是美国经济采取的新自由主义道路，而危机不但表明其不会继续下去，也暴露出在此基础上的美国霸权的脆弱性，当前危机将威胁美国霸权，也将终结新自由主义。此外，学者们还提出一些新术语来描述当下资本主义的状况。比如，"灾难资本主义"（disaster capitalism）分析了新自由主义如何利用灾难时机积极扩张自身的诡计，揭示出新自由主义自身的内部矛盾；"文化资本主义"（culture capitalism）研究资本主义社会中出现的文化同质化现象，揭露了

---

① Alex Callinicos, *Bonfire of Illusions: The Twin Crises of the Liberal World*, Cambridge: Polity Press, 2010, p.50.

新自由主义的悖论;“赌场资本主义”(casino capitalism)概括了当代资本主义金融体系中的投机性和风险性,而不负责任的政府难辞其咎。以上种种批判都对新自由主义的合法性提出了挑战。

全球性金融危机引发了一场再认识西方社会的热潮,在这种批判浪潮中,“马克思热”悄然兴起。德国特里尔马克思博物馆和英国伦敦马克思墓的参观人数增多,《卫报》《泰晤士报》和《时代》周刊等西方主流媒体对马克思的关注度上升。马克思的理论再次成为人们分析经济危机和认识资本主义本质的工具,尤其是西方左翼学者纷纷著书立说为马克思辩护,为贬义的马克思形象正名,主张“回到马克思”,西方左翼理论由此复兴。21 世纪初爆发的全球金融危机是左翼加速主义形成的思想诱因。左翼加速主义在这种批判西方社会和复苏马克思理论的社会大思潮中应运而生,并以其激进的社会批判立场和观点在学术界引起关注和讨论。身处西方发达世界的左翼加速主义者深刻体会着这场大危机带来的物质和精神的双重冲击,他们在其宣言式文本——ACCELERATE:Manifesto for an Accelerationist Politics——中明确指出,2007—2008 年以来的信用危机、金融危机、财政危机是 1979 年之后出现的新的最迫切的全球性问题,而新自由主义只会在危机中越陷越深,因为“新自由主义自认为是历史发展的必然阶段,但它仅仅是避开 20 世纪 70 年代出现的价值危机的偶然手段。不可避免的只是升华了危机,而不是最终克服了危机”①。

① Alex Williams, Nick Srnicek, Accelerate: Manifesto for an accelerationist politics, in Robin Mackey and Armen Avanessia(eds.), *Accelerate: Accelerationist Reader*, Falmouth, U.K.: Urbanomic, 2014, p.353.

三、思想图谱:加速主义思想的演进

“加速主义”一词最早出现在20世纪60年代的美国科幻文学作品。1967年,罗杰·泽拉兹尼(Roger Zelazny)的长篇科幻小说——《光明王》(*Lord of Light*)问世,讲述了人类无数年后乘坐太空飞船来到一个新星球,殖民了当地土著(Demon),并以印度教这种宗教手段统治世界。这个新星球上掌握科学技术的原祖[①]们灵魂不朽、法力无边,自称“天神”,他们高居天庭、垄断技术,通过技术庙宇和掌管轮回的业报大师[②]奴役剥削尘世中的凡人。主人公萨姆本是原祖之一,他同情人类,认为诸神所为无异于暴君,遂召集一批志同道合者与天庭对抗,向人间播撒技术火种,协助人类加速科技发展以摆脱天神奴役,重获自由权利,这群起义者被称作“加速主义者”。

《光明王》中的加速主义只是一种神话意义上的科学幻想,作为一种解释社会加速现象的加速主义思想则可追溯到20世纪初意大利的未来主义,在70年代法国思想界进一步哲学化,90年代在英国形成右翼加速主义,21世纪加速主义发生左翼转向,提供了一种社会批判的新视角。加速主义者坚持认为,对当代西方社会的唯一激进政治回应不是抗议、破坏或批判,也不是等待其在自身矛盾激化中消亡,而是加速,这引起西方学界的广泛关注和基于加速主义的论辩。

① 指最先到达新星球的一批人,垄断着先进科学技术。

② “业报大师”手中的心理探针可以探察出任何反叛行为和念头,然后,大师们便会将反叛者的下一生变成能操人语的低等动物,甚至拒绝为他们转世,让他们遭到“真正的死亡”。

(一)意大利未来主义

加速主义在19世纪末20世纪初的未来主义运动中萌生。未来主义是现代西方资产阶级的一股文学艺术思潮,最先发生于意大利北部。1909年2月20日,以未来派自居的意大利诗人菲利波·托马索·马里内蒂(Filippo Tomasso Marinetti)在意大利工业中心米兰发表《未来主义宣言》,标志着未来主义的正式诞生。之后,未来主义的势力从诗歌延伸到其他艺术形式,《未来主义文学表现样式宣言》《未来主义画家宣言未来主义音乐宣言未来主义跳舞宣言》《未来主义建筑宣言》等相继发表,并溢出文艺领域影响日常生活和国家政治,以激进的口号、新奇的艺术、反叛的精神掀起一场声势浩大的社会运动。

未来主义是对20世纪初工业、科学、技术、通信、交通快速发展的反映。工业革命如火如荼,机器大工业的生产、新技术的广泛应用使整个世界被机械征服,时间和空间被速度裹挟,城市发展日新月异,生活节奏不断加快,激发了一些小资产阶级知识分子对机器的浓烈兴趣和创造新生活的激情——"我们断言一种崭新的美——速度的美——使得世界更加丰富多彩……一辆跑起来像机关枪一样发出尖厉啸叫的汽车,远比萨摩色雷斯的胜利女神更美"①。未来主义者崇拜运动的力量和速度之美,讴歌现代机械文明,相信新科学技术的发明与新机械工具的创造会带来物质丰盈、社会进步和人类解放,一个前所未见的美丽新世界将出现。在文艺创作上,未来主义否定过

① 马永建:《现代主义艺术20讲》,上海社会科学院出版社,2005年,第103页。

去，要求“毁灭传统艺术的庄严、神圣、严肃和典雅”，炸毁“腐烂死城”威尼斯，毁弃古罗马建筑，创立反映都市化、机械化、速度化的未来艺术。这种新的艺术认为，世界以动力为核心，追求速度美和机械美，在机械轰鸣、电气沸腾、喧嚣的都市中寻找灵感，以快速运动的性质为创作对象，发明了“自由语”诗体、惊愕剧和综合剧（或变化剧场）、触感画和空中绘画、噪音音乐、机关车舞和飞行舞等。这些新奇怪诞的艺术作品致力于反映现代生活的力学性质，热衷于在运动中刻画对象的形态，用对物质本身的描绘代替人的心理描写，以作家本人的主观感受和天马行空的幻想表现客观现实。

未来主义对动力和速度的极致崇拜，一方面使其在艺术创作中忽略了真正的人和真实的生活，具有非理性主义和虚无主义的特征；另一方面使其在社会观念上赞美战争和暴力，最终沦为意大利法西斯主义的附庸，走上反人类的道路。意大利未来主义右翼对战争、暴力的崇尚不止于言语表达，更体现为实际行动支持。第一次世界大战前，意大利未来派在米兰多次组织反对奥地利的示威游行，积极煽动对奥战争；1914—1918 年，不少未来主义者高喊“为保卫意大利而战”，自愿加入帝国主义侵略战争；1919 年以来，大量未来主义作家服务于意大利法西斯机关刊物《帝国》，为法西斯主义宣传、辩护。此外，作为未来主义核心人物的马里内蒂更是坦言：“我们的新的宗教，是速力。未来主义的教训，将把人类从那被迟缓、回忆、分析、休息、习惯等所决定的腐败中解救出来。墨索里尼也相信未来是属于速力的。他的政府是速力的政府。他不愿靠昔日的记忆而生活，他同我一样地憎恨过去，我和墨索里尼是一道的。”[①]

由上观之，未来主义敏锐地观察到了工业时代社会的新现象——世界被机械征服、时空被速度裹挟，看到了科学技术创造丰富物质财富和未来世界的巨大潜力，人类社会必将在科学技术和机械的不断加速发展中走向新的未来，这是未来主义运动激进、革新的一面。然而未来主义在本质上是反动的，宣扬机器与人的对立，是一群小资产阶级知识分子不甘于资产阶级没落而炮制的一种延长资产阶级寿命的艺术形式，其对动力、强力和速力的信奉契合了资本主义的工业扩张和武装侵略的诉求，充斥着无政府主义、虚无主义和沙文主义的毒素，是法西斯统治意大利、侵略世界的思想工具。

（二）早期法国加速主义

作为一种政治倾向，“加速主义”一词由本杰明·诺伊斯（Benjamin Noys）提出，他将主体不加控制地从现实中加速“脱域”的理论倾向批判为“加速主义”（accelerationism），称之为“马克思主义异端”。诺伊斯批判的“加速主义”出现在20世纪70年代的法国思想界。1968年，轰轰烈烈的“五月风暴”颠覆和翻修了整个世界，革命希望的破灭极大地震动了西方左翼思想界，作为此次社会运动思想武器的西方马克思主义也陷入长期低潮，在后现代主义浪潮的裹挟中生成后马克思主义。吉尔·德勒兹（Gilles Delezue）在“五月风暴”之前接受过正规的哲学教育，钻研于纯粹哲学研究，解读了许多著名哲学家的文本。在亲身介入这场运动并被现实政治运动所蕴含的巨大能量震撼后，

① 孙席珍：《未来主义二论》，《杭州大学学报》（人文社科版），1962年第2期。

德勒兹开始观照现实革命，将哲学理论与政治实践相结合。1969 年，德勒兹遇到法国精神分析学家菲利克斯·加塔利（Felix Guattari），批判精神的哲学理论与临床精神病学碰撞，二人创立精神分裂分析学并应用于剖析资本主义社会，合著的《资本主义与精神分裂》（两卷本）——《反俄狄浦斯》和《千高原》，既是对精神分析学的反叛，也是对资本主义的批判。

德勒兹和加塔利以微观欲望政治为基点展开理论叙述和现实批判。“五月风暴”中的革命激情激发了他们对欲望机制的研究，但是西方思想长期以来将否定式范畴看作力量的形式和现实的通道，从柏拉图到黑格尔，从弗洛伊德到拉康，欲望都被理解为一种匮乏：一种欲望对象的匮乏，对欲望的渴求是违背理性和伦理的。弗洛伊德的精神分析学更是将欲望局限在俄狄浦斯式（父亲—母亲—我）的核心家庭结构中，倡导禁欲。与之相反，德勒兹和加塔利从肯定性范畴重新界定欲望概念，反对欲望的俄狄浦斯化，强调欲望并不匮乏的对象，它是客观存在的、自由流动的，具有生产性。他们指出，弗洛伊德的精神分析学将欲望与客体分离的匮乏式欲望观是资产阶级的诡计，是为了迎合资本生产的需要，是实现资本无限增殖的组织形式，“把匮乏组织到丰富的生产之中，使全部欲望转向匮乏的巨大恐惧中，使对象依赖一种被认为外在于欲望的现实生产（理性要求），而欲望生产进入了幻想（除了幻想，别无其他）”[①]。

在此基础上，他们进一步将欲望从心理领域扩展到社会领域，将生产方式置于欲望范畴，认为欲望生产的力量推动社会历史向前进，而欲望机器是

① ［法］吉尔·德勒兹、菲利克斯·加塔利：《反俄狄浦斯·欲望机器》（中），董树宝译，《上海文化》，2016 年第 1 期。

欲望生产的表现方式，整个社会就是一台生产欲望的巨大机器。[①]资本主义产生于劳动流和资本流的结合，劳动力在生产过程中产生的剩余价值使资本实现自我增殖，资本将前资本主义社会各种控制欲望生产的社会体内化为生产的一部分，土地、财富、货币、信息、知识、科学、技术、机器、情感等其他欲望生产之流都被解放出来去创造更多流动的剩余价值。资本主义通过资本流动摧毁其他各种形式社会体对欲望生产的控制，让这些欲望自由流动的过程被德勒兹和加塔利称为“解辖域化”，这是历史上规模最大的解辖域化运动。然而德勒兹和加塔利进一步揭示出资本运行的内在机制，即一边在进行释放欲望流的解辖域化，一边又通过严格的公理体系将欲望流再辖域化到资本体上。[②]

在发现资本主义社会的运行机制后，德勒兹和加塔利开始思考解放的可能性，“哪一条才是革命道路？是否只有一条？——像萨米尔·阿明建议第三世界国家所说的那样，退出世界市场，恢复法西斯式的‘经济方案’？或者走向相反的方向？深入到市场的运动中，解码并解域化？从更高阶段分裂症特征的理论和实践的角度来看，或许这些流动尚不足以解域化，不足以解码。我们不是要退出这个过程，而是要更进一步，去加速这个过程，正如尼采所说，在这个问题上，真相是，我们看到的还不够彻底”[③]。可见，在德勒兹和加塔利看来，只有加速释放被资本主义规范性权力压制的欲望流，强化“精

① ［法］吉尔·德勒兹、菲利克斯·加塔利：《反俄狄浦斯·欲望机器》（上），董树宝译，《上海文化》，2015 年第 8 期。

② ［法］吉尔·德勒兹、菲利克斯·加塔利：《反俄狄浦斯·欲望机器》（中），董树宝译，《上海文化》，2016 年第 6 期。

③ 蓝江：《当代资本主义下的加速主义策略—— 一种新马克思主义的思考》，《山东社会科学》，2019 年第 6 期。

神分裂”倾向，让欲望生产之流自由涌流，资本主义固定的等级秩序和范畴体系才能在欲望解域化的加速过程中走向解体，一种例外的可能才能实现。这是一种加速主义政治实践，具有明显的后现代主义风格。这种早期加速主义思想也深刻影响着当代加速主义的理论构建，无论是右翼还是左翼。

（三）英国右翼加速主义

20 世纪 90 年代，早期法国加速主义思想在英国以一种新面貌再现——右翼加速主义，从传统激进左翼阵营投入新自由主义右翼的怀抱，成为当代加速主义图谱的重要一支。英国华威大学（University of Warwick）是右翼加速主义思想的大本营。1995 年，尼克·兰德（Nick Land）、赛迪·普朗特（Sadie Plant）、马克·费舍尔（Mark Fisher）等学者在华威大学共同创立了控制论文化研究小组（Cybernetic Culture Research Unit，简称 CCRU），研究各种新奇事物，尤其对新数字科技和网络文化感兴趣。CCRU 是一个多元化的研究团体，受到德勒兹、加塔利、利奥塔等法国思想家的理论影响，其研究对象包括未来主义、科学技术、数字命理学、哲学、玄学、科幻小说、魔灵研究等多种资源，写作风格介于理论和虚构之间，创作空间主要是互联网平台，许多成员都是一个或多个博客的博主，他们在网络社区这种非传统性空间中对相关话题进行快速获取、即时反应、互动对话，形成了广泛影响。然而 CCRU 自成立后并未形成任何引人注目的研究成果，也未得到华威大学的官方认可，随着成员在后期的不断分化和核心创始人从华威大学离职，该小组于 2003 年解散。离开华威大学的尼克·兰德继续从事右翼加速主义思想的研究，以大陆哲学家的写作特点撰写了诸多充满深奥和新奇术语的学术论文，这些论文大部分收录在《尖牙本体：1987—2007年作品集》(*Fanged Noumena：Collected Writings 1987—2007*)[①]一书中，他也被称为“加速主义之父”。

尼克·兰德自称是德勒兹和加塔利思想的信徒，两位法国哲学家在《反俄狄浦斯》中对资本主义解辖域化和再辖域化，以及资本主义精神分裂的分析，极大地影响了兰德对加速主义的思考。在他的分析中，资本主义是解放的力量，总是在解辖域化和再辖域化中重复，其存在恰在于对这种不受外力的创造性破坏的依赖，因此资本主义不会自我毁灭，任何外在批判只会减慢解放进程，只有加速才能带来全球变革。作为加速主义者，兰德迷恋科学技术进步带来的巨大能量，认为技术加速就是德勒兹和加塔利意义上的解辖域化力量，它是一种欲望生产流，没有中心与边界，自由流淌是其本性，技术发展没有界限。当代资本主义社会的问题不是技术发展太快，恰恰是技术发展得不够快，技术加速受到的社会管控太多。技术加速会加速资本主义社会系统变化并使自身失去平衡。作为激进左翼的代表，德勒兹和加塔利强化资本主义精神分裂倾向、加速解辖域化进程的目的在于摧毁资本主义制度，而兰德的右翼加速主义并不否定资本逻辑，反而是通过技术加速，在资本解辖域化的视野中重建世界、走得更远。

在兰德看来，资本和技术是自然且完美的联合。资本主义无论在经济上还是文化上都一而再再而三地超越自己的极限，因为自由市场体制具有适者生存的筛选功能，它使最有效的事物得以生存，并淘汰一切无效事物。随着技术的进步和商品化的发展，市场变得越来越高效，资本发展的每一

---

① Nick Land, *Fanged Noumena：Collected Writings 1987—2007*, Falmouth：Urbanomic, 2012.

步都变得越来越快，而高效的市场体制又反过来加速了技术化进程，形成一个强强互促，甚至可自我加速和更新的循环。这是撒切尔的名言“别无选择”的最极端体现，被本杰明·诺伊斯嘲讽为“德勒兹撒切尔主义”。兰德进一步指出，资本和技术的加速已经发生，任何通过控制、监督和改革制度来减缓资本主义加速进程的尝试都是徒劳，即使是再庞大的革命也无法扭转，因为不断地加速变迁已经创造出一个自我驱动、不再受人为控制的时间螺旋。技术—经济形成的螺旋具有吸纳一切的能力和巨大的发展动力，我们能做的就是取消任何限制并融入技术和资本的加速进程，不断加快资本主义的发展速度。

兰德指出，资本主义的进程比我们更古老而且会越来越快，随着资本在自治化和自动化上更有优势，资本将进行全方位统治，人类将在技术—经济物的加速与强化中沦为“绊脚石”，被抛出经济进程，人的主体意义与目的随之丧失。兰德提供了一种人类未来最可怕的情景，那就是在加速主义的尽头，无人能够幸存，人类会彻底消失，进入后人类或超人类社会。2013 年，兰德在《黑暗启蒙》(*The Dark Enlightment*)中再次描述了他的后人类社会——一种仿生人和超级智能拯救人类的赛博朋克的黑暗幻想，这种人造物不是为增强人类能力，而是利用人类资源建构自身且不被人类控制。在书中，兰德抨击国家和国家控制，号召废除自由主义民主、平等，主张强权和精英专制，宣扬自由市场规范人类行为，是一种反国家、反人类的资本主义设想。该书后来被美国新反动主义(Neoreaction)奉为纲领性文件，兰德也成为新反动主义的拥趸，这也是兰德臭名昭著和右翼加速主义遭人诟病的地方。以尼克·兰德为主要代表的右翼加速主义是一种“技术+资本”的加速主义，他们崇拜技术，相信技术具有巨大的变革潜力，希望无限制地加速技术发展。但是他们并不相信资本体系会因技术加速而崩溃，只希望以技术无限加速为动力解放生产资料和资本本身；他们也并不关心如何解放人类，甚至不相信人类，只希望在仿生技术的加持下出现超人类。

（四）当代左翼加速主义

2008 年全球金融危机引发的经济政治社会动荡，催生了西方左翼理论的复兴，加速主义值此时机发生左翼转向，并迅速成为当代社会独树一帜的激进思想。

左翼加速主义脱胎于右翼加速主义。2003 年，CCRU 解散，作为重要创建人的尼克·兰德和马克·费舍尔分道扬镳，前者继续着人机交互的超人类主义的未来设想，并成为极端右翼组织的思想导师；后者逐渐意识到资本主义现实和加速主义思想之间的矛盾，立场左转并成为左翼加速主义的思想先驱。马克·费舍尔是伦敦大学金匠学院视觉文化系的作家、评论家、政治理论家，在音乐、流行文化、激进政治等方面发表了不少研究成果，其《资本主义现实主义：我们是否别无选择》（*Capitalist Realism: Is There No Alternative?*）[①]中的社会批判在左翼思想界反响强烈。费舍尔热衷于在互联网上分享自己的研究和评论，这是他与读者的主要联系点，创建的博客（K-Punk）从 2000 年开始受到很多人的关注。2003 年，两位加拿大的年轻学者尼克·斯尔尼塞克（Nick Srnicek）和阿列克斯·威廉姆斯（Alex Williams）关注到 K-Punk

① Mark Fisher, *Capitalist Realism: Is There No Alternative?* Winchester: Zero Books, 2009.

的博文，并与马克·费舍尔成为朋友，受其思想影响开始思考一种新的加速主义。

费舍尔批评道，右翼加速主义是“资本主义现实主义”，资本主义本身只是偶然事件，兰德却将其设定为先验和固定的东西，在资本主义视野内进行社会变革，这是不合理的。在对当代西方社会的批判中，费舍尔指出，其一，不要低估以资本为核心的制度体系，它不再仅是一种经济制度，更是现代人的主体性。其二，要建设性地对待新自由主义，将其置于一个高度人为的框架中去理解，它不是自然秩序的结果，而是一个为维护少数寡头利益的巨大的意识形态建构。其三，要创造新的政治体系，应该以灵活的、人道的方式对待人们的精神健康和面临的物质条件，将资本主义现实主义这种纯粹人为的东西暴露在公众面前，其压迫性无处不在，即使是少量替代的可能性或某个微不足道的事件都可能产生翻天覆地的变化。兰德对任何替代方案的尝试都不感兴趣，认为它只会让变革的引擎停止运作，没有任何其他意义。但费舍尔表示，21 世纪的世界并未如兰德所预言的加速，反而是停滞，新自由主义的发展速度不够快，实现变革的唯一出路就是加速建立超越资本主义的后资本主义制度。费舍尔指出，就我们寻求摆脱资本主义现实主义的沉思而言，“我们都是加速主义者”。他对资本主义现实主义的批判和超越搭建了西方左翼加速主义思想体系的基本框架。斯尔尼塞克和威廉姆斯之后进一步发展了这一思想。

2013 年，斯尔尼塞克和威廉姆斯在法律批判思想（Critical Legal Thinking）网站上发表了《宣言》，标志着左翼加速主义的正式形成。此后，他们陆续发表了研究成果，进一步阐述了左翼加速主义思想。比如，2015 年二人合著的《发明未来:后资本主义和一个没有工作世界》,以加速主义的立场和观点思考如何绘制未来社会蓝图;2016年斯尔尼塞克独著的《平台资本主义》,对数字经济时代的新形态进行了论述,从而将右翼加速主义话语转向左翼理论范畴,构建起左翼加速主义理论体系,引发西方学界的广泛关注和讨论。

需要特别说明的是,目前,学界对左翼加速主义的代表人物没有明确共识。从公开资料来看,迈克尔·哈特和安东尼奥·奈格里、哈特穆特·罗萨、马克·费舍尔、斯尔尼塞克和威廉姆斯、保罗·曼森、亚伦·巴斯塔尼等学者都被纳入左翼加速主义阵营。但是在笔者看来,奈格里一直被看作意大利自治主义学派的领军人物,且对加速主义持批判态度;罗萨师从法兰克福学派第三代主要代表阿克塞尔·霍耐特,是作为法兰克福学派第四代代表人物登场的,其思想一般以"社会加速批判理论"命名。费舍尔、斯尔尼塞克和威廉姆斯、曼森、巴斯塔尼都对加速主义作过论述,但基于斯尔尼塞克和威廉姆斯对左翼加速主义形成和传播的影响力,本书对西方左翼加速主义思想的研究主要围绕他们二人的观点展开,对其他学者的理论观点不作探讨。

作为左翼加速主义诞生的标志性文本,《宣言》[①]是我们理解左翼加速主义的窗口。聚焦《宣言》,我们可以大致了解这一新的激进思想的基本观点。在《宣言》导言中,斯尔尼塞克和威廉姆斯就表示,全球文明在21世纪第二个十年面临的新灾难,包括气候恶化、资源短缺、经济危机、战争威胁、失业

① Alex Williams, Nick Srnicek, Accelerate: Manifesto for an accelerationist politics, in Robin Mackey and Armen Avanessia(eds.), *Accelerate: Accelerationist Reader*, Falmouth, U.K.: Urbanomic, 2014, pp.347-362.

率上升、生活水平下降等，而相对于灾难的加速，我们的政治却在退却——右翼政府还在继续推行僵化的新自由主义政策、左翼政党号召退回社会民主主义、新的社会运动不再产生新的政治意识形态。当代西方社会的糟糕现状和晦暗不明的未来是激发左翼重建未来的关键因素。

左翼加速主义脱胎于右翼加速主义，斯尔尼塞克和威廉姆斯肯定尼克·兰德作为“加速主义之父”的理论贡献，认为他看到了资本主义与加速主义之间的联系，激烈批判社会现实，通过加速资本主义社会内部力量颠覆资本主义秩序。但他们批评兰德把力量局限在资本体系严格限定的参数内，将全球变革的希望仅寄托在资本主义速度上，而这只是“一个短时但有着催眠效果的信仰”[①]，却不是真正的加速运动。同兰德一样，斯尔尼塞克和威廉姆斯也受到德勒兹和加塔利加速“脱域”思想的影响，解辖域化和再辖域化思想是他们考察当代西方社会的重要文本依据，现代性、自由、进步、技术等都被再编码，限制在狭隘的资本框架内。此外，不同于传统西方马克思主义和左翼分子，他们视马克思为最典型的加速主义思想家，生产力自身的加速能冲破资本主义生产关系的极限。所以今天的左翼不是拒绝技术加速，而是要最大程度地拥抱加速主义趋势，做物质力量进步的拥趸，并引导技术生产力的发展方向。

在对未来社会的构想中，左翼加速主义和右翼加速主义都以西方社会与技术加速的张力关系为切入点，但在具体的关系论述、未来目标和实践路

---

① Alex Williams, Nick Srnicek, Accelerate: Manifesto for an accelerationist politics, in Robin Mackey and Armen Avanessia(eds.), *Accelerate: Accelerationist Reader*, Falmouth, U.K.: Urbanomic, 2014, p.352.

径方面存在本质差异。从资本关系限制技术生产力和科技研究存在尚未开发的变革潜能出发，斯尔尼塞克和威廉姆斯提出，加速技术发展进程，释放技术潜力，超越西方经济政治体制的狭隘视野。不同于意大利未来主义的技术乌托邦，也区别于右翼加速主义的无限制技术加速，左翼倡导的技术加速是与社会政治行动紧密联系的。为此，他们提出一系列重建左翼权力的必要步骤，从思想意识到组织结构再到社会行动，以建立一个公共的技术—社会平台。在《宣言》最后，他们重申未来必须进行重建，否则人类社会就会面临永恒的危机和生态的崩溃。

对加速主义思想图谱的梳理，一方面展现了加速主义的历史发展脉络，这是从意大利、法国、英国到北美的地理转移过程，是在回应工业革命、“五月风暴”失败、新自由主义化改革、全球金融危机中对西方社会认识深化的过程，与之相伴的是全球化趋势和科学技术快速发展带来的复杂后果。另一方面，加速主义从一种技术崇拜的文明论倾向转变为一种具有特定立场的政治倾向，再发展出一套具有革命向度的政治理论，表明加速主义思想不断扩大其在现实中的政治效应，从形而上的话语建构转向社会变革的行动策略。

总之，左翼加速主义思想是 21 世纪初西方社会批判浪潮中的新思想，继承和发展了 20 世纪 70 年代以来西方马克思主义后现代转向的批判思维和解放理路。左翼加速主义者坚持认为，对于当今任何进步的政治理论和行动而言，都必须进行精确的认知映射，从而进行认知上的加速。他们满怀信心地表示，替代性的社会方案是可以想象的，这是显而易见的，因为新自由主义不仅是不公正的，也不再是进步和活力的保证。他们主张，通过加速技术发展进程和有效的反霸权行动来突破当今西方社会生产关系的界限，依靠加速资本主义内部错综复杂的力量将资本主义“连根拔起”，重建左翼政治力量，将技术解放潜力和大众政治权力相结合，创造更为现代的未来。

第二章 左翼加速主义对西方社会的病理诊断

21 世纪初金融危机的爆发给西方社会以重大冲击，自 20 世纪 80 年代以来，一路高歌行进的自由主义体制再次遭遇其内在基本矛盾不可调和引发的严重危机，曾经被奉为“神话”的理论和实践在危机后遭受了各种各样的批评和谴责。在此背景下，西方左翼理论复兴，左翼加速主义思想应运而生。它基于当代西方社会的现实状况和发展趋势，从加速主义的视角认识西方经济政治本身，揭示其篡改现代性和压制技术生产力，预测平台经济模式将走向垄断和不平等的未来，描述即将到来的工作危机，进而得出资本主义不是真正加速的代表，其加速成果不能带来社会真正革新和人类自由解放的结论。

一、对西方现代性的审视

现代性是贯穿人类文明的一条主线，是人类对美好社会的追求和向往。现代性在资本主义社会中起源和发展，但也在资本主义社会中发生异化。对西方现代性的认识和分析是左翼加速主义批判的前提。需要明确的是，这里讨论的现代性指的是围绕进步、理性、自由和民主等普遍理想所进行的一系列概念创新，这些概念在世界各地的众多文化中独立发展，但在欧洲引起了特殊的共鸣。①在斯尔尼塞克和威廉姆斯看来，从早期苏联的共产主义，到战后社会民主主义，再到新自由主义，关于未来社会和进步本质的争论表明，现代性从来不是一个预先确定的概念，而是一个高度竞争的领域。然而随着撒切尔和里根等右翼政治家在全球广泛推行新自由主义化改革，并确立新的全球意识形态以来，现代性及相关话语被右翼主导。其结果是，现代性和西方社会制度混为一谈，20 世纪 70 年代以来的社会斗争运动出现反现代性的趋势，认为取消现代性就可以终结资本主义。事实表明，这种观点是错误的。左翼加速主义对现代性的批判，并不是拒绝现代性，而是质疑新自由主义右翼主导的西方现代性话语，重塑左翼现代性。

（一）用单一现代性摧毁未来

对现代性的讨论归根到底是关于未来是什么样的论争，“现代性等同于

① Nick Srnicek and Alex Williams, *Inventing the Future: Postcapitalism and a World without Work*, London: Verso, 2015, p.74.

创造未来”[①]，而未来总是与“进步”“发展”“解放”“启蒙”等概念密切关联。“现代性”这个术语表征着一种古往今来更迭变化的结果，标志着一种过去和现在的断裂，又预示着一种不同于过去且比过去更好的未来愿景。斯尔尼塞克和威廉姆斯直言，随着苏联的解体和全球化的兴起，西方国家倡导的现代性成为人们的普遍认知，但他们用这种单一现代性摧毁了未来观念，剥夺了人们对未来的广阔想象。

斯尔尼塞克和威廉姆斯指出，从历史上看，左翼在面向未来的过程中找到了它的天然家园，充满了丰富的政治想象力，从早期共产主义的技术进步构想，到苏联的太空梦想，再到“技术白热化”的社会民主言论，左翼与右翼的区别在于对未来的明确拥抱，代表了人类社会的真正进步。然而从 20 世纪七八十年代新自由主义的兴起，撒切尔和里根等右翼政治家控制了现代性和未来的话语权，西方现代性形象和未来蓝图在人们的认知中占据主导地位，并通过意识形态机器让人们陷入对这种单一现代性的崇拜。左翼政党在右翼挤压中逐渐丧失了建构更美好未来的想象力，无法再提出新的激进观念和替代性方案，曾经雄心勃勃的左翼目标旨在实现社会的全面转型，如今却沦落为对社会边缘的修修补补。在今天，现代性理念和未来愿景变得越来越单一，欧洲被认为是独立发展了现代性的模范，欧洲的现代化道路是代表进步的唯一模式，其发展的历史经验被认为是必要且优于其他文化，人类社会将沿着预先确定的路径走向以欧洲为蓝本的未来。然而 20 世纪的历史已经表明，欧洲现代性道路可以带来进步，也可以带来灾难，这一系列的历

① Nick Srnicek and Alex Williams, *Inventing the Future: Postcapitalism and a World without Work*, London: Verso, 2015, p.75.

史经验通过社会批判理论、精神分裂分析、后结构主义推动了对欧洲现代性的内部批判。现代性在当代西方社会已经异化，今天的现代性仅仅代表着统计学意义上的经济发展程度，已经退化为私有化、福利削减、剥削加剧、不平等加剧、冲突和混乱的可怕组合，不再开创未来道路，而是“开历史倒车”。事实上，“现代性”概念不是预先确定的，现代化道路也不是唯一的，现代性不是资本主义发展的必然结果，而是右翼政治为资本积累和霸权扩张构造的虚假的意识形态。正如《宣言》指出的：“新自由主义深层的内部张力就是将自己作为现代性的媒介，在字面上意义上作为现代性的同义词，并就一个无法提供的未来作出许诺。”①

他们继续指出，在今天，现代性仅仅意味着新自由主义的现代性，它已经成功地塑造了现代人的自我概念，成为现代人的存在方式。换言之，新自由主义创造了主体，典型的是我们被构建为竞争性主体。资本竞争逻辑经由新自由主义意识形态的灌输投射于人，驱使人们在工作、生活的各个方面不断地自我完善，无止境的培训教育、无所不在的就业要求和对自我改造的持续需求，都是这种竞争性主体的一部分。事实上，竞争性主体还跨越了公共领域和私人空间的界限，工作和生活的分界越来越模糊，压力、焦虑、抑郁、注意力障碍等已经成为我们对周围世界越来越普遍的心理反应，当代社会的精神病理症状越来越严重。更重要的是，竞争性主体是导致政治被动性的主要因素。即使你不接受这种意识形态，它的影响仍然会迫使你陷入越来越

① Alex Williams, Nick Srnicek, Accelerate: Manifesto for an accelerationist politics, in Robin Mackey and Armen Avanessia(eds.), *Accelerate: Accelerationist Reader*. Falmouth, U.K.: Urbanomic, 2014, p.352.

不稳定的境地和越来越多的创业倾向。因为在雇佣劳动制下,我们需要钱来维持生存,我们必须像推销商品一样推销自己,从事更多的工作以减少支付房租的压力,花更多的时间和精力建立和维护社交网络。我们被日常生活的压力和焦虑包围,政治热情减退,政治动员就成为一个永远被推迟的梦想。

未来愿景可以为社会运动指明前进方向,对任何变革性政治项目都至关重要。《宣言》在结尾发出警告:新自由主义对未来观念的摧毁是我们时代衰退的标志,左翼加速主义者要推进比新自由主义更为现代的未来,就要质疑现代性的教条观念,超越其对未来话语的有限设定和对自我的社会规训,创造未来有无限可能的话语空间,以此提供引导叙事的方向,使未来成为现实。

(二)以普遍主义消除差异

"普遍主义"是分析现代性的重要概念。西方发达国家将自己塑造为普遍主义的形象,称其经济模式、政治制度、价值观念是普遍适用的,但这种普遍主义具有虚假性和霸权性。

在斯尔尼塞克和威廉姆斯看来,近代以来,随着殖民扩张和生产消费的全球化发展,以欧洲为中心的现代性文明形态在世界各地传播扩散,对其他国家和地区的思想启蒙、现代化进程、价值观念产生重要冲击和影响。但是这种看似普遍主义的叙事却渗透着无法摆脱的驱逐土著、掠夺资源、奴隶贸易的黑暗面。在一次次的对外征服中,欧洲将自己展现为普遍生活方式的理想模板,其他民族在其强大的物质基础和军事基础下,被迫接纳欧洲方式,并以此为自身发展的参照系数。各民族文化之间的差异在将细节纳入这种普遍的过程中被消除，从而创造出一种以欧洲文明形象为蓝本的普遍性文化，这里的普遍和同质没有区别。在整个过程中，欧洲统治者通过部署一系列所谓的普遍机制来掩饰和捍卫自己的狭隘立场，知识分子从他们的位置和身份中抽离出来，为这种自认为是普遍主义的特殊主义辩护，欧洲文化被表现为普遍的和先进的，其他文化只能表现为特殊的和落后的。斯尔尼塞克和威廉姆斯批评这种将消除差异、排除异己的表达描述为所谓的普遍主义是纯粹的沙文主义。

据斯尔尼塞克和威廉姆斯的分析，普遍主义和特殊主义并不是对立的因素，普遍主义也不是取消差异，“普遍主义不是用一套既定的原则和价值观来识别的，而是用一个不可能被最终填充的缺席占位符来识别”[①]。当一个特殊事物通过霸权斗争占据这一空位时，就会将自己的特殊性表现为普遍性：本身是特殊性的欧洲文明将自己表现为一种普遍适用的全球文明，但这是虚假的普遍性。“普遍主义”是一个开放的概念，不存在任何一种可以完全实现的普遍主义，真正的普遍主义是对普遍性和特殊性的斗争始终持开放态度。他们强调：“资本主义是一种扩张性的普遍主义，它通过多种文化结构编织自身，并随着它的发展对其进行改造。任何不具有普遍性的特殊主义最终都会被包罗万象的资本主义关系扼杀。”[②]在这种境遇下，任何地方性的、特殊性的抵抗都不会成功。

在左翼加速主义者看来，尽管普遍主义是现代性历史最糟糕方面的核

① Nick Srnicek and Alex Williams, *Inventing the Future: Postcapitalism and a World without Work*, London: Verso, 2015, p.80.

② Nick Srnicek and Alex Williams, *Inventing the Future: Postcapitalism and a World without Work*, London: Verso, 2015, p.78.

心，但他们并不主张拒绝普遍主义，而是要实现一种颠覆现有普遍主义的扩张性、包容性的普遍主义。新的普遍主义是整合而不是消除不同国家和地区在历史背景、经济状况、政府治理、社会秩序、文化习俗等方面的差异，是承认而不是否定不同国家和地区在全球性未来创建中的必要性，并使这种普遍性观念获得充分的社会想象，以建立真正具有全球性和普遍性的未来世界。

（三）以自由之名加剧不自由

自由是人之本性和人类文明的最高价值，也是现代性的应有之义。自由作为近代资产阶级革命的一面旗帜，打破了封建桎梏，给蒙昧以理性，给黑暗以光明，使人类摆脱人身依附状态进入了现代社会。然而当代西方社会的自由不是真正意义上的自由。

西方社会一直标榜自己是自由社会，信奉个人主义，鼓吹个人自由神圣不可侵犯。然而斯尔尼塞克和威廉姆斯明确指出，这种自由强调自由具有内在价值且不受其他个人、集体和国家干涉，实质是消极自由。对摆脱国家干涉的自由的强调可以吸引无政府主义和1968年以来的新社会运动，对市场自由的强调可以激发人们对消费主义的兴趣，这种自由观促使西方世界的民众动员起来支持任何声称重视个人自由的意识形态，同时也吸收了围绕自由主义、身份政治和多元文化主义的社会运动元素。以美国为代表的西方国家鼓吹这种无干涉和束缚的自由以彰显其优势，自诩“以自由对抗威权”，使之成为对抗所谓的极权主义的理想工具，在与苏联的意识形态斗争中发挥了重要作用，实质是以自由之名进行霸权扩张。

消极自由观表示，富人和穷人享有同等自由，却抛开他们在行动能力上存在的明显差异。斯尔尼塞克和威廉姆斯严厉斥责这种自由观，认为任何离开现实物质支撑的自由都是毫无价值的。比如，人人都有参加政治竞选的自由，但如果没有募集到竞选资金或获得超级富豪资金的支持，竞选自由就只是法律意义上的形式自由；又比如，我们每个人都有选择工作的自由，但雇佣劳动制下的大多数人为了生存还是要被迫接受工作。自由与现实的物质条件紧密相连，私有财产权事实上的不平等决定了个人享有自由程度的不平等。“消极自由与大规模贫困、饥饿、无家可归、失业和不平等完全相容”[①]，理论上的自由选择实际上不能真正实现。

自由在西方的社会关系下已经被异化，人们的劳动、工作、生活甚至精神世界通过各种机制被规训，个人只能在限定参数内自由选择和行动，这种消极自由“沦为脱离国家的政治自由、出卖劳动力的自由和选择各种消费品的经济自由”[②]。事实上，以交换价值为基础的资本主义生产方式塑造了资产阶级的自由观，但这种生产关系下的自由因其自身矛盾走向了自由的反面，这种形式的、消极的自由指向的是资本增殖目的而非人类真正解放，服务于私有财产所有者而非全体社会成员。消极自由以自由表象代替了自由实质，以自由之名加剧了不自由，掩盖了自由的真正价值，是充当资本主义意识形态斗争的概念工具。自由是左翼加速主义者创造另一种现代性的重要原则，消极的、有限的自由观必须受到批判，左翼要实现的是一种普遍视野下的实

---

① Nick Srnicek and Alex Williams, *Inventing the Future*: *Postcapitalism and a World without Work*, London: Verso, 2015, p.82.

② Nick Srnicek and Alex Williams, *Inventing the Future*: *Postcapitalism and a World without Work*, London: Verso, 2015, p.82.

质自由。

(四)以资本增殖目标限制技术加速

人类社会的演进历史就是劳动形态的变迁历史,这一过程中起决定性作用的是生产工具的新旧更替,而生产工具的更替又起始于技术的革新。可以说,技术革新驱动历史发展,是蒸汽技术革命、电力技术革命、信息技术革命不断推动人类从蒙昧走向文明,从传统走向现代。历史已经证明,技术加速趋势不可逆转,人类文明形态演进需要技术加速的支撑与推动。

斯尔尼塞克和威廉姆斯吸收德勒兹和加塔利的分析——资本主义在解辖域化的同时又通过公理体系进行再辖域化,以及马克思对资本主义的评判——"不能将资本主义视为真正加速的代表"[①],提出资本增殖目标在解放技术生产力的同时也限制着技术加速的论点。他们承认,资本主义社会的所有体系都与加速主义观念相关,资本增殖逻辑要求加快生产速度和扩大资本周转的空间市场,资本家之间的竞争推动生产过程中的技术变革,在加速发展生产力的同时也加速了旧社会解体和新社会到来。而且新自由主义意识形态的自我表达就是推动技术和社会的加速革新,释放各种创造性破坏力,实现资本利润最大化。在这一点上,斯尔尼塞克和威廉姆斯与马克思的观点一致。马克思曾指出:"生产的不断变革,一切社会状况不停的动荡,永远的不安定和变动,这就是资产阶级时代不同于过去一切时代的地方。"[②]正

① Alex Williams, Nick Srnicek, Accelerate: Manifesto for an accelerationist politics, in Robin Mackey and Armen Avanessia(eds.), *Accelerate:Accelerationist Reader*.Falmouth, U.K.: Urbanomic, 2014, p.353.

② 《马克思恩格斯文集》(第二卷),人民出版社,2009 年,第 34 页。

是在不断地加速生产、交换、分配、消费的循环运动，不断地加快资本周转速度中，资本生产才得以维持。但是在资本控制一切的社会关系下，生产和技术是否加速以及加速程度的唯一标准，就是是否有利于剩余价值增长或资本积累，而资本的自身界限和内在矛盾又会限制生产和技术的无限加速。

他们指出，资本增殖目标对技术加速的限制还体现在将技术发展导向专利竞争和观念垄断等毫无作用的细小目标上，以及将技术生产力引向重复生产满足边际消费需求的同类基础产品，固定资本投资的持续增加、生产过程不断自动化等加速成果在资本主义情境下，并没有带来更少的工作、更多的闲暇，以及革命性的技术革新和社会革新，唯一得到发展的是消费产品微不足道的升级。先进的数字化技术和自动化机器在生产中的应用本可以表现为降低碳排放、更好的消费服务，但在资本增殖加速机制下却成为扩大数字资本市场、宣扬消费主义文化、制造虚假消费需求的工具，反而造成更多的能源消耗和碳排放。从根本上说，资本逻辑主导的技术加速和生产加速是一种“恶性速度”，加速带来的进步是为实现资本自由流动服务的，是加快剥削、压迫劳动者的过程。

斯尔尼塞克和威廉姆斯对未来抱有乐观期待。他们表示，21 世纪的科学技术呈指数级增长，计算机模拟程序可以使我们能够以前所未有的方式合理引导经济发展，加密货币及其区块链技术带来新的货币形式可以为摆脱资本权力关系提供条件，开源设计、增材制造、自动化技术、著作权创意预示着灵活生产、某些产品的后稀缺性生产的可能性，物流自动化使货物实现无人化快速有效运输可以为全球互联系统的建立提供可能，清洁能源技术有望带来兼顾生产可持续和环境可持续的生产方式，最新一波的自动化浪潮正在使大量枯燥和有辱人格的工作的消失成为可能，新兴医疗技术不仅可以实现更长寿、更健康的生活，还可以形成对性别和性身份的新认知，等等。[①]左翼在20世纪憧憬的未来愿景在物质上比历史上任何时期都更容易实现，现代技术在实现更好的政治体制和经济体系方面的潜力是巨大的。

问题在于，以资本增殖为目标的经济政治体系是一个阻碍进步的体系，将技术生产力导向创造丰厚利润和剩余价值是其唯一目标，技术创新潜力受限于狭隘资产阶级的想象，完全牺牲了人类社会总体的加速发展。我们谁都不知道一个现代技术体系可以做什么，还有多少未开发的潜能。这种未知让资产阶级统治者感受到一种潘多拉魔盒被打开的恐慌，为了避免无法驾驭的技术潜力对阶级统治秩序和社会治理身份的破坏和削弱，他们通过严格的公理体系将技术进步置于资本增殖的“紧身衣”中，“这些力量被限制在无止境的资本积累循环中，在此过程中，人类的潜能变成了化石，技术的潜能受到压制，让技术加速仅仅局限于一系列粗俗的边缘性的创新”[②]。左翼加速主义者相信，大量处于休眠和压制状态的技术潜能尚待发掘，技术加速还有更大潜力实现更大目标，左翼加速主义就是要超越资本主义社会对技术加速强加的限制，在加速技术发展进程中加速资本历史使命的终结，从内部加速激化资本主义矛盾趋势，并争夺社会技术霸权，重塑技术发展方向，让技术真正服务于社会进步和人类解放。

---

① Nick Srnicek and Alex Williams, *Inventing the Future*: *Postcapitalism and a World without Work*, London: Verso, 2015, p.9.

② Nick Srnicek and Alex Williams, *Inventing the Future*: *Postcapitalism and a World without Work*, London: Verso, 2015, p.181.

二、对平台经济模式的研判

随着互联网的发展和商业模式的改进，平台经济成为数字经济时代的重要现象。“平台资本主义”(Platform Capitalism)是西方左翼加速主义者对数字时代经济模式的命名，也是左翼进行社会批判的新视角。斯尔尼塞克是“平台资本主义”概念的创立者和诠释者。基于加速主义立场，他认真审视了数字时代资本主义社会发展的新变化，尤其是新兴的数字技术对资本的影响，从历史背景、现实逻辑、未来趋势等视角对资本积累的这种新形态展开论述，揭露其加剧竞争和垄断的内在倾向，批判平台经济模式是利用数字技术继续着早期资本增殖体制而不是开创有意义的未来。

20 世纪 70 年代，为应对产能过剩危机，制造商将生产模式从福特模式转向后福特模式，劳动过程采用超级泰勒主义，尽可能精简重组，解雇多余工人、保持最低库存、定制商品生产，并破坏工会、降低工资、外包工作，试图通过转向精益商业模式和打击劳动力来恢复制造业的营利能力。20 世纪 90 年代，制造业的停滞使金融资本将营利目光投向互联网行业，加之美国通过“资产价格凯恩斯主义”刺激经济，大批基于信息技术的互联网公司快速崛起，凭借计算机与数字技术收集和处理数据信息，这些早期互联网公司将免费资源变成源源不断的现金收益，非商业化的网络迈向了商业化模式，为平台经济的出现奠定了基础设施。随着 2001 年互联网资产泡沫破裂，经济增长的新引擎是房地产，而房价下跌引发的次贷市场利益链断裂，这严重影响了美国金融体系并蔓延至整个经济体系和世界，致使 2008 年全球金融危机爆发。在利润率增长的驱使下，资产阶级在金融危机后的低利率环境下积极寻找新的资本积累途径，数据成为促进经济的新增长点，平台商业模式应运而生。这是数字资本与数字技术合谋的新形式，是21世纪资本主义组织和管理经济的新的商业模式。

（一）以数据为原材料的平台经济

21世纪，我们进入一个大规模的转型时代，数字经济成为当代经济中越来越普遍的基础设施，在数字技术发展的基础上，零工经济、自营经济、开放经济、共享经济、监测经济、眼球经济、第四次工业革命、第二次机器革命等时髦的经济创新模式被提出并大范围推广。那么我们应当如何审视数字技术的影响呢？斯尔尼塞克提出一个关键论点：数据是数字经济时代的原材料，就像工业时代的石油一样，在被提取后用于各种各样的用途。[①]数据在以前的互联网商业模式中也被作为一种生产资源，但不是核心资源。随着21世纪互联网的扩张和数字通信技术的发展，人们的社会生活和互联网高度连接，大量潜在的数据可以被提取，大数据已经为一些关键的资本主义业务提供服务，数据越来越成为使社会发生革命性变革的核心资源，“数据即财富”。

在斯尔尼塞克看来，天然石油只有经过炼油装置加工提炼后才能成为石油产品，同样，用户在互联网上活动的原始数据只有经过提取、精炼后才能被赋予价值。今天，商业模式的核心在于收集大量数据，平台就是理想的数据提取装置，“从最普遍的层面来说，平台是数字化的基础设施，使两个或

① ［加］尼克·斯尔尼塞克：《平台资本主义》，程水英译，广东人民出版社，2018年，第46页。

两个以上的群体能够进行互动。它们将自己定位为将不同用户聚集在一起的中介，这些用户包括客户、广告商、服务提供商、生产商、供应商，甚至实物。通常，这些平台还提供一系列工具，使用户能够构建自己的产品、服务和市场”[①]。平台把不同用户群聚集在一起，借助数字硬件和算法技术对用户间的交互数据进行独占、分析、提取、使用、控制。在数字经济时代，平台正在成为企业组织业务的主流，相对其他商业模式的优势在于：其一，平台的定位在用户之间，是用户交互的数字界面。它是不同用户群体进行信息交流互动的中介和基础设施，有权追踪用户在互联网的足迹和提取用户交互数据，且不受时间空间限制。其二，平台具有网络效应。接入平台终端的用户越多、访问活动和足迹越多，平台能收集的数据就越多，市场价值也就越高，如此便形成正反馈循环，不断吸引用户注意力。而且平台使用基础设施效应可以无限云租用服务器，不受时空或物质限制而实现平台业务的快速扩展。其三，平台的交叉补贴策略可吸引用户。平台通过调整业务的价格结构，一边降低基础服务的价格（如促销折扣、减免租金、免费搜索），一边提高另一些业务的价格（如广告服务）以弥补损失。其四，平台所有者控制产品和服务规则及市场互动。平台利用设定好的核心算法提高用户体验，增强用户黏性，吸引更多用户端加入平台，使越来越多的数据集中于平台。

为了更具体地说明平台的运行机制，斯尔尼塞克分析了五种不同类型的平台，表征了资本主义企业在数字技术支撑下组织和管理资源的平台化趋势。

---

① [加]尼克·斯尔尼塞克：《平台资本主义》，程水英译，广东人民出版社，2018年，第50页。

第一,广告平台是最早出现的平台类型,是企业建立适合数字经济模式的最初尝试。广告平台通过专属算法提取、分析、打包用户网上活动的数据,有针对性地售卖广告空间和用户数据给目标广告商,从而收取广告收入。在这里,斯尔尼塞克驳斥了有些网络批判理论家关于“无偿劳动”的观点,坚持认为“广告平台将数据作为一种原材料,而不是剥削无偿劳动”[①]。理由是,大部分用户的网上活动数据没有进入数字资本生产过程,并且很难证明用户生成数据的活动是马克思主义意义上的劳动范畴。广告平台收益的关键不只是数据记录和收集,而是提取和分析散乱的用户数据,提供将广告商和用户正确匹配的有效数据。更重要的是,目前这种数据提取模型已经从在线提取转移到离线提取,一些企业记录在线和离线的消费者数据并出售给产品销售商,一些非科技公司也开始开发用户数据库以实现产品的精准有效推销。

第二,云平台是一种外包企业信息技术服务的平台类型。“这些云平台不依赖于广告商购买数据,而是建立数字经济的基础设施,以一种出租给他人的方式获利,同时为自己的使用收集数据。”[②]斯尔尼塞克指出,作为建立第一个主要云平台的亚马逊,它建立了一个庞大的处理物流数据的网络服务平台(AWS),除满足企业内部处理数据的需求外,亚马逊还云出租 AWS 的部分服务给其他企业,其租赁收益超过了核心零售业务的利润。一方面,云平台可以为其他企业提供需要的硬件系统、软件开发工具包或者应用程序,而无需自己花费大量时间和金钱建立。另一方面,云平台的租赁模式使

① [加]尼克·斯尔尼塞克:《平台资本主义》,程水英译,广东人民出版社,2018 年,第 63 页。
② [加]尼克·斯尔尼塞克:《平台资本主义》,程水英译,广东人民出版社,2018 年,第 72 页。

拥有数字基础设施的大型科技公司可以直接访问被服务对象的整个数据集而为自己所用。

第三，工业平台是一种基于工业网将平台引入传统工业领域的尝试。计算机芯片、传感器等通过工业网嵌入制造业生产过程，使其中每个组件的数据都能够与组装机及其他组件建立通信共享，几乎所有的工业生产环节都被整合为一个整体，自动化和智能化工业由此成为可能。通用电气和西门子公司等传统制造业、微软和英特尔等互联网巨头，都在大力开发工业平台以获取管理工业网和智能制造能力，而美国、德国等政府也积极支持并建立财团推进这项技术实验以抢占国际经济竞争高位。斯尔尼塞克表示，工业平台在数据提取方面的优势在于"通过将自己定位成工厂、消费者和应用程序开发人员之间的中介，这些平台可以自如地监控全球制造业的运作情况，从最小的执行机构到最大的工厂，利用这些数据进一步巩固其垄断地位"①。

第四，产品平台是一种"商品即服务"的平台类型。近年来，产品平台快速发展，从服装、充电宝、篮球、雨伞、单车，到汽车、住房、飞机，再到音乐、旅游、饮食、游戏等，都从传统的"制造—出售"模式向按需租赁模式转变，这离不开金融危机以来个人工资停滞和储蓄下降的影响，消费者的购买力下降，租赁需求上升。斯尔尼塞克指出："产品平台可能是企业尝试恢复某些商品零边际成本趋势的主要手段之一。"②通过产品平台的数字化匹配对接，需求方获得资产的有偿使用权，供给方让渡使用权并从中获取报酬。数据是赢得竞争的核心，斯尔尼塞克以制造业产品中最有影响力的喷气发动机为例说

① [加]尼克·斯尔尼塞克：《平台资本主义》，程水英译，广东人民出版社，2018 年，第 77 页。

② [加]尼克·斯尔尼塞克：《平台资本主义》，程水英译，广东人民出版社，2018 年，第 79 页。

明。制造发动机的劳斯莱斯公司向航空公司出租航空喷气发动机，以及零件维护和更换服务，通过放置在所有发动机上的传感器提取发动机性能数据，诸如发动机磨损、调度维护次数、燃油消耗率、排气品质、噪声水平等。以上数据反馈对于制造商不断优化产品性能、保持行业竞争优势、对抗企图打入市场的外部维护公司具有重要作用，而且劳斯莱斯利用这些数据反馈继续开发新车型，创造了比竞争对手更大的优势。

第五，精益平台是一种为实现精益生产而建立的新兴平台类型，2008 年次贷危机后获得大量风投资金并逐渐繁荣起来。斯尔尼塞克指出，汽车出租商优步和住宿提供商爱彼迎是这类平台的典型，它们看似是无资产的虚拟平台，却拥有最重要的软件和数据分析平台，所以数据提取技术是精益平台竞争的主要手段之一。比如，优步收集了所有司机和行车的数据，数据被输入算法中，一方面确保司机只为优步平台工作，另一方面为乘客提供快速可靠的服务，如精准匹配乘客和司机、绘制最佳行车路线、预测可能出现的需求等。优步通过算法迭代和更改大数据平台可以更快地处理增量数据，增强了平台的可扩展性、灵活性、可靠性、可控性，界面访问优化更加契合用户需求，使得优步平台的网络效应更强，拥有更具竞争力的业务。

（二）平台经济加剧竞争和垄断

在 21 世纪，经济发展的重心在数据，而平台就是提取数据的数字化基础设施，平台经济就是以各种方式使用数据原材料并产生收入的新型商业模式。对于企业而言，这些数据或是更新算法和优化流程的依据，或是吸引广告商或相关商家的资源，或是击败竞争对手的核心。简而言之，在今天，

“数据即财富”。斯尔尼塞克坦言，资本主义是目前为止最为成功的提高生产力水平的生产方式，具有前所未有的快速发展能力和提高生活水平的能力，这得益于资产阶级社会关系尤其是财产关系的变化，主要体现为生产者和生产资料的分离，劳动产品的商品化使得经济主体全面依赖市场，形成一种价格竞争机制，并成为资本运行的广义且固定的参数，嵌入资本主义生产的每个业务决策中。作为数字时代进行组织和管理经济的商业模式，平台经济仍然是一种竞争体系，争夺市场权力仍然是各平台企业营利的手段。但是，“与制造业不同的是，平台上的竞争力，并不仅仅由成本和价格之间最大差异的标准来评判。数据收集和分析，也有助于对竞争力进行判断和排名”[①]。数据提取的数量和质量是平台经济阶段竞争的重点。

其一，扩大数据提取。数据是平台资本主义发展的核心原材料，庞大的用户数据库是平台保持核心竞争力的关键。为了扩大数据收集的能力，许多公司利用盈余资本购买和开发多种产业，涉足新领域新市场以吸纳更多用户注意力而获取更多数据信息，建立和改进数据提取的基础设施。斯尔尼塞克特别提到近年来消费者物联网（IoT）获得大量投资的现象，通过置于消费品和家庭中的传感器、可穿戴设备、指纹或面部识别技术来隐形追踪、记录人们的日常行为数据，甚至预测和操纵用户行为，实现产品的精准研发和营销。当然，这种数据收集的隐蔽化和数据使用的黑箱化操作引起越来越多的人的抗议。

其二，确定战略位置。斯尔尼塞克指出：“作为用户与平台交互的主要方

① [加]尼克·斯尔尼塞克：《平台资本主义》，程水英译，广东人民出版社，2018 年，第 108 页。

式,界面在更广泛的生态系统中占据了关键的中间位置。”[①]所以,各主要平台公司越来越将自己定位于自然语言界面市场。脸书大力投资开发与用户互动的聊天机器人所需的自然语言,让用户可以直接访问脸书平台,满足浏览、搜索、点餐、购物、订票、物流、交易等多种需求,而不用跳转访问其他单独的应用程序。脸书通过主导界面实现对电子商务平台的控制,试图构建在线经济交易基础。当然,平台位置的战略重要性更多地和控制用户端数据的数量有关。

其三,制造聚合趋势。斯尔尼塞克表示:“不同平台公司的趋势越来越相似,因为它们蚕食了相同的市场和数据领域。”[②]作为直接竞争对手的顶级平台公司,鉴于数据扩大和战略位置定位的需要,大量收购或并购创新型科技初创公司,利用现有的用户数量向其他平台业务渗透,进一步扩大用户规模和增强用户黏性,防止其市场地位遭受蚕食。比如,通用电气收购提供云计算和软件开发服务的企业,阿里巴巴和苹果投资滴滴出行,亚马逊和德国汽车制造商在无人驾驶汽车的云平台上开展合作,主要平台公司都在开发医疗数据平台等,其结果就是整个领域的聚合和竞争。

其四,封闭生态系统。斯尔尼塞克表示,平台会对用户及相关服务设置权限,“当撒网式的手段不足以获得竞争优势时,这种方法试图将用户和数据绑定在平台上,通过各种各样的措施,将用户和数据绑定在一起,例如对服务的依赖、无法使用替代品或数据缺乏可移植性”[③]。此外,智能手机使得

---

① [加]尼克·斯尔尼塞克:《平台资本主义》,程水英译,广东人民出版社,2018 年,第 116 页。

② [加]尼克·斯尔尼塞克:《平台资本主义》,程水英译,广东人民出版社,2018 年,第 119 页。

③ [加]尼克·斯尔尼塞克:《平台资本主义》,程水英译,广东人民出版社,2018 年,第 122 页。

开放网络日益转向封闭的应用程序，用户与互联网的互动更多地发生在应用程序而不是网站，这进一步削弱甚至排除了各平台数据和服务之间的互操作性。趋向更大规模发展的平台企业都在围绕核心业务丰富平台生态系统，试图摆脱对其他平台业务服务的依赖和控制，并构建与竞争对手相隔离的网络基础设施和数据库。结果是，封闭将成为各大型平台企业相互竞争和对抗的关键方式。

竞争导致生产集中并引起垄断是资本主义发展的一般规律。平台经济是一种强中心控制的商业模式，打破了以往价值链垄断的商业模式，建立起以平台生态系统为中心的数据垄断，为资本垄断提供了更加便捷、更加有力的手段。全球上市公司市值排名前十位的主要是以亚马逊、谷歌、脸书、阿里巴巴、腾讯等为代表的互联网高科技公司，不再以制造业和金融业巨头为主。在平台经济模式下，数据是生产原材料，用户在平台上的各种活动是数据的来源，是平台企业谋取和加强市场竞争优势和垄断地位最重要的资源优势，而产生于提取数据的内部需求和网络效应的平台有着垄断的内在倾向。平台通过大数据分析不断更新算法技术和优化服务程序来增强用户黏性，并增加平台用户的数量和访问频次，获得源源不断的原材料，并且企业原有的基础设施、数字技术和数据信息在"滚雪球"式的网络效应扩大下会提升平台的市场价值和固化平台的基础垄断地位。

在斯尔尼塞克的考察分析中，上述平台竞争的动态趋势——扩大数据提取、定位战略位置、聚合业务功能、封闭生态系统——归根到底在于形成垄断平台，预示着少数大平台企业正在变成巨无霸式的寡头垄断组织。它们通过直接或间接的网络效应，集中控制和使用越来越多的用户群的数据，横跨多元关联市场,借助算法控制建立数据壁垒而使自身数据变得不可移植,成为社会信息的拥有者。它们也通过直接研究发明和根茎式收购或并购初创公司,开发整个堆栈,构建集核心算法、浏览器、操作系统、光纤网络、数据中心等从软件到硬件的平台生态系统,成为网络基础设施的所有者。如此,少数超级大平台凭借其雄厚资本和技术优势垄断了数据原材料,控制产品生产过程和物流过程,操纵市场供求和商品价格,获得超额利润,构建自身利益最大化的“闭环”。此外,平台的垄断效应不只在经济领域,还会扩散到技术、政治、文化、社会的各个空间。斯尔尼塞克和威廉姆斯指出,平台经济的垄断趋势也意味着加速技术发展进程的动力将减弱,营利的狭隘视野将以牺牲整个人类的加速成果为代价。

(三)对平台经济模式未来的预测

作为在数字经济时代的新模式,营利能力是关系平台经济发展趋势和社会未来前景的关键问题。斯尔尼塞克指出:“平台提供了新的竞争和控制方式,但最终营利能力才是成功的最大仲裁者。”[①]然而资产阶级占有各种类型平台的所有权,却不一定需要产生实体产品的经济模式,这似乎预示着一种类似于20世纪90年代互联网科技泡沫的平台经济泡沫。

其一,广告平台产生于网络经济萧条时期,早期互联网科技公司将数据提取的功能从旨在优化用户服务转向精准推销广告获利。斯尔尼塞克指出,广告本身并不生产新产品,只是一种产品营销手段,而且未来几年,数字广

① [加]尼克·斯尔尼塞克:《平台资本主义》,程水英译,广东人民出版社,2018年,第126页。

告收入的增长将持续放缓。根据经济研究，经济形势影响广告收入。作为最大广告商的金融资本在遭受金融危机重创后大规模削减广告支出，美国广告支出在2012年才达到2008年的水平，经济下行期间获得同样数量的广告比以往任何时候都要便宜。最重要的是，全球广告拦截软件的使用、机器人造成的虚假广告访问、新算法技术对数据控制的强化，以及世界各地政府对数据收集的监管，正在减弱数字广告的重要性和减少广告收入。因此，广告收入并不是稳定的平台收入来源。

对于后广告平台的未来，斯尔尼塞克也给出了预测：对于非开放网络的平台（脸书），广告收入减少将加速应用程序的封闭趋势；对于开放网络的平台（谷歌），广告收入减少将使平台走向某种付费形式，取消交叉补贴策略。对于其他领域的基本平台，广告收入减少促使其从每笔交易中抽取提成，或者通过物联网让人们微支付使用的每一件商品。此外，像谷歌、脸书等平台为巩固垄断地位进行的高科技投资都建立在巨额广告利润的基础上，广告收入的减少可能预示着企业被迫回归主营业务，缩减在无人驾驶、虚拟现实、合成生物等高科技领域的投资规模，影响技术加速进程。

其二，工业平台基于工业互联网将平台模式引入制造业领域，使生产过程和物流过程的各个组件和信息在工业平台上实现共享，并在算法控制下实现自动化，这种高效生产、有效配置资源的模式被看作扭转全球产能过剩和制造业长期低迷局面的"新法宝"。一些老牌制造业企业和投资公司纷纷投资建设工业平台，并得到美国、德国政府的大力支持。的确，工业互联网将催生一些成功的企业，并在一段时间内获得超过其竞争对手的额外利润，比如通用电气的Predix、西门子的Mind Sphere等工业平台创造的利润在持续增长。但是斯尔尼塞克表示，工业平台模式似乎不太可能解决全球制造业生产过剩和产能过剩的根本问题，尤其是未来几年中普遍紧缩政策将继续抑制全球总需求，“因为工业网项目似乎没有从根本上改变制造业的现状，只是简单地降低了成本和减少停机时间。工业网非但没有提高生产率或开拓新市场，反而进一步压低了价格，加剧了市场份额的竞争，从而成为阻碍全球增长的主要因素之一”[①]。

其三，精益平台是一种有望实现按需生产的理想模式，但斯尔尼塞克认为，这种基于“先发展再营利”的模式容易产生经济泡沫，对未来利润的预期不代表实际利润的产生。作为一种超外包运作模式，精益平台是零资产的虚拟平台，员工、投资成本、维护成本、培训成本等全部外包，将早期制造业、管理业、酒店业的外包工作延伸到了出租车、保洁、搬家、理发、装修，甚至白领从事的编辑、编程、管理等一系列新的工作领域，将不可交易的服务变成可交易的服务，这是其创新之处。问题在于，大多数精益平台缺乏营利能力，大部分营利只是由于降低了成本和工资，而不是创造出新的营利方式。精益平台中的员工不是标准意义上的企业雇员，而是独立的承包商，按任务支付费用且不享受任何企业福利待遇，从而降低了劳动力成本。此外，金融危机后失业率大幅度增长、工作愈加不稳定，加之“失业性复苏”现象迫使许多过剩人口加入精益平台“打零工”，而且世界各地的劳动力都可以参与企业在互联网发布的在线任务，不断增加的过剩人口有利于企业降低工资水平。

作为一种靠盈余资本起家的经济模式，宽松的货币政策和大量的企业

① ［加］尼克·斯尔尼塞克：《平台资本主义》，程水英译，广东人民出版社，2018年，第128~129页。

过剩现金使新科技初创企业的风投交易和融资规模自2010年以来大幅度增长，掀起一股科技股热潮，精益平台企业迅速崛起并扩大市场份额。斯尔尼塞克提醒，这种高交易、零生产的现象是一种假性繁荣，一旦风险资本撤出，迫于营利压力，那些低利润率的精益平台企业要么破产消失、退出经营，要么降低成本、提高价格，结果出现高价格的按需服务，收入和财富的不平等将在按需服务的不平等中再现。斯尔尼塞克明确指出，精益平台不会代表就业和经济的未来，更不会带来西方国家的重大转变。

综上平台发展趋势分析，斯尔尼塞克粗略预测，在未来，“平台在整个经济中不断扩展，竞争越来越激烈。依赖广告收入的平台，不得不更多地承接直接支付业务。与此同时，依赖外包成本和风险资本的精益平台要么破产，要么转向产品平台，如优步正试图尝试开发无人驾驶汽车。最后，平台经济模式似乎有种内在的倾向，即通过云平台、基础设施平台或产品平台的形式的服务提取租金”[①]。基于新兴数字技术发展起来的平台模式为其他行业提供了组织和管理业务的基本格局，让各种新行业从产品转向服务，似乎宣告所有权时代的终结。但是在资本主义竞争和营利的广义参数下，全球大量的广告平台、云平台、工业平台、产品平台、精益平台仍然受限于旧的社会关系和资本增殖逻辑，并没有实现任何有意义的未来创新，反而加剧了所有权的集中，深化了剥削体系，加剧数字世界的分化。

---

① ［加］尼克·斯尔尼塞克：《平台资本主义》，程水英译，广东人民出版社，2018年，第139页。

三、对工作危机的认识

在资本归个人私有和雇佣关系的社会中，工作即雇佣劳动，这是其经济生产方式和社会存在的根基。然而斯尔尼塞克和威廉姆斯指出，我们为换取工资收入而付出的工作时间不在我们的掌控中，而受雇主、老板、经理的控制，我们成年后整整三分之一的时间都花在服从他们上，“我们所有人都不想多工作”[①]。随着西方发达国家体面和稳定工作的减少、失业和过剩人口的增加，以及工作作为一种将社会团结在一起的纪律措施的崩溃，西方社会将面临严重的工作危机和任何以雇佣劳动制为基础的社会危机，左翼必须为克服这一危机作好准备。

（一）分析工作危机的症状

斯尔尼塞克和威廉姆斯明确指出，失业是资产阶级的发明。在原始积累的过程中，被剥夺了土地的农民被迫成为无产阶级，这一新形象的特点是无法获得生产资料或生活资料，并且需要雇佣劳动才能生存，这意味着无产阶级不仅仅是工人阶级，也不是由收入水平、职业或文化定义的，无产阶级只是为了生存而必须出卖劳动力的一群人，无论他们是否有工作。随着无产阶级人数的增多，一种新的失业形式也出现了，即无法找到有薪工作的过剩人

① Alex Williams, Nick Srnicek, Accelerate: Manifesto for an accelerationist politics, in Robin Mackey and Armen Avanessia(eds.), *Accelerate:Accelerationist Reader*.Falmouth, U.K.: Urbanomic, 2014, p.354.

口。当然，在大多数情况下，这些过剩人口的规模随经济周期或扩大或缩小。但是他们在对西方社会当前形势的考察中发现，越来越多的过剩人口与周期性的经济繁荣和萧条无关，不稳定因素增加、失业型复苏出现、非资本主义劳动力市场等新机制产生的这种长期趋势对社会关系的再生产构成了极大威胁，这是西方社会在未来几年或几十年面临的严重的工作危机。斯尔尼塞克和威廉姆斯认为，这种工作危机的症状主要表现为：

第一个症状是过剩人口不断增加。2008 年全球金融危机爆发后，经济动力不足，劳动力市场低迷，加之政治动荡和技术变革，无法找到有薪工作的过剩人口问题再次出现。在斯尔尼塞克和威廉姆斯看来，这些过剩人口在广义上由四部分群体构成：资本主义部分、非资本主义部分、潜在部分和不活跃部分。①第一个部分指处于正常劳动力市场中的失业者和就业不足者，他们可以获得最低限度的国家福利，并积极寻找另一份工作；第二部分是自给自足的经济体，他们没有社区或国家福利的安全保障，被迫与资本主义经济一起创造新的自给经济，且日益主导发展中国家的劳动力市场；第三部分群体主要存在于可以很容易地被调动到劳动力市场的前资本主义经济形态中，包括农民、没有工资的家庭劳动者、返回无产阶级状态的专业人员；第四部分是那些不从事经济活动的群体，如残疾人、学生、气馁者等。他们表示，尽管现有数据很难确定全球过剩人口的确切规模，但各种衡量标准都表明其数量大大超过了活跃的工人阶级。

在他们的进一步分析考察中，过剩人口的不断增加有三个主要原因。其

① Nick Srnicek and Alex Williams, *Inventing the Future: Postcapitalism and a World without Work*, London: Verso, 2015, pp.92-93.

一，技术性失业。技术进步带来的生产力提高降低了产品生产价格，却没有充分增加社会购买需求。劳动者技能提升速度跟不上技术迭代和扩散速度，节约人力成本的技术被应用到整个经济从而抑制了对必要劳动力的总体需求。这就造成技术性失业人数的增加，而最新的人工智能和自动化技术对就业的威胁更加明显，越来越多的工作岗位被自动化和人工智能取代。其二，原始积累。基于对农民土地剥夺的原始积累，既是资本社会生产的起点，也是一个持续的过程，涉及前资本生存经济向资本生存经济的转变，即自给自足的农民被暴力剥夺土地后被迫在工厂出卖劳动力换取维持基本生存的工资。工业化和全球化加速了转变进程，非洲和南亚的大量失地农民纷纷迁往城市和海外，而生产对劳动力的有限吸纳力必然使农村和海外移民沦为过剩人口。其三，主动排斥。特定人群被资本主义排斥在正式的有偿劳动之外，主要是妇女和有色人种。奴隶制、种族主义和性别歧视虽不是因资本主义制度而形成，却为资本增殖服务。奴隶劳动是资本主义起源的关键因素，许多妇女和种族监狱囚犯的无偿劳动仍是资本利润的来源。由于政治、法律、文化、社会结构等因素，这些特定群体更可能在经济繁荣期最后被雇佣，在萧条期最先被解雇。

第二个症状是不稳定因素增加。斯尔尼塞克指出："今天，世界上大部分地区人口的收入受市场调控，并通过不稳定和非正式的工作获得。"[①]在数字化时代，平台经济借助数字技术强势崛起，越来越多的人在平台，尤其是精益平台从事诸如外卖、快递、网约车、家政、自由创意等线上零工。据统计，美

① [加]尼克·斯尔尼塞克：《平台资本主义》，程水英译，广东人民出版社，2018年，第37页。

国近四分之一的成年人从事兼职，英国约十分之一的劳动者下班后打零工。这些零工从事者看似可以灵活掌控工作任务和进度，实则却被困于平台系统，严苛的监管规则和效率至上的算法分配使许多零工对工作缺乏自主选择权。与正式雇员相比，他们难以享受最低工资、加班补贴、休息时间、带薪休假、缴纳保险等权益和福利，缺乏长期且稳定的就业保障。过剩人口的增加和生产自动化导致宽松型劳动力市场的出现，雇主拥有更多制定“游戏规则”的权力。传感器和先进监控技术的采用，则使劳动者的工作强度上升、工作压力增大而福利不断缩水。此外，近几十年来工资停滞，劳动收入份额下降，发达经济体的实际工资增速缓慢，英国、日本、意大利的工资水平不升反降。随之而来的是对高消费债务和低个人储蓄的担忧，美国超六成成年人有债务，约八成全职者自称“月光族”，钱少债多、寅吃卯粮依然是将来多数美国人不可避免的窘境。抑郁症、焦虑症的发病率、自杀率也在危机后明显上升。与前几代稳定、高薪的工作相比，今天更多的是工作不稳定、工资停滞、福利缩水、不安全感扩散。

在这里，斯尔尼塞克和威廉姆斯强调，失业型复苏——就业增长严重滞后于经济增长的不健康经济复苏现象——加剧了不稳定，可能使更多人面临永久失业的威胁。自 2008 年经济暴跌之后，美国 GDP 增长率逐渐恢复，经济呈现复苏态势，而失业率却居高不下。根据预测，未来十几年这种经济增长与就业疲软的鸿沟会持续下去，就业状况短期内不会好转。在他们看来，失业型复苏的原因是复杂的，但无疑与自动化生产有关。近几十年来，就业比重下降的职业多是那些被自动化技术替代的中等技能的常规工作，如银行柜员、电话推销、前台接待、会计、数据录入等。经济下行压力为企业提供了重新配置资源的接口,为减少付薪压力且不影响生产效率,尽可能裁员并使这些常规性任务自动化是企业的惯常手段,且随着自动化技术的快速发展而永久消除那些常规性中低技能工作岗位。

第三个症状是贫民窟不断扩大。据联合国人居署(UN-HABITAT)统计,目前全球数十亿的城市人口生活在贫民窟,预计 2030 年将达到 20 亿,[①]如何处理被繁荣都市边缘化的群体成为发达国家和发展中国家共同面临的难题。在美国,经过 1916—1929 年和 1940—1970 年的两次黑人大迁徙,生活在南方的大量黑人涌入制造业和工业发达的北部和西部城市。由于种族偏见和歧视,白人强烈抵制与黑人融合居住,加之联邦政府、房地产商、信贷行业的歧视和“城市更新运动”,白人与黑人被隔离居住,黑人蜗居在人口密、房屋简陋、环境脏、治安差的贫民窟中。另外,流入城市的黑人就业状况十分糟糕。一战期间,北部城市的黑人被排斥在轻工业和国防工业部门之外,被迫从事低技能、低薪酬的不稳定工作,勉强度日。二战后,富裕白人搬到环境优美、远离黑人的郊区生活,并带动制造业、服务业郊区化和资本撤离。中心城市黑人数量激增的同时,劳动力需求和适合黑人的工作岗位却大幅减少,中心城市陷入高度贫困化。20 世纪 70 年代后,美国制造业向第三世界转移,自动化、离岸外包、去工业化等结构性因素加大了文化程度和技能水平低的人的就业难度,长期失业导致贫民窟地下经济和非法活动泛滥。

在发展中地区,贫民窟的数量更多,失业和贫困更加严重。在斯尔尼塞克和威廉姆斯看来,一方面,原始积累是发展中地区贫民窟的根源所在。由

① 联合国人居署编:《贫民窟的挑战——全球人类住区报告 2003》,于静、斯淙曜、程鸿译,中国建筑工业出版社,2006 年。

于殖民者剥夺土地和推进工业化，这些无地农民流入城市，为经济建设提供了大量廉价劳动力。但是不断增加的农村移民与数量有限的城市工作之间的矛盾越来越大，加之农民受教育程度低和技术经验匮乏，致使他们只能从事低端制造业和服务业工作来赚取微薄的收入或者长期失业，无法满足吃喝住穿等生活需求，不得不聚居在环境脏乱差但生存成本低的贫民窟。为了谋生，他们构建起非资本化生存经济，从事非正规、低成本、小规模、临时性的服务和商业活动。另一方面，过早去工业化巩固了发展中地区的贫民窟。发达国家在去工业化后，通过服务业转型解决就业的模式在工业化未充分发展、人均收入低的发展中地区行不通，再加上自动化技术对低技能劳动者就业的冲击，过早去工业化反而会增加发展中地区的过剩人口。如果制造业及其溢出效应可以创造大量就业岗位，那么过早去工业化有可能彻底摧毁这条预期就业路径，结果不是消除而是进一步巩固非资本生存经济和贫民窟。

(二)分析西方社会对过剩人口的管理

西方社会在未来几年或几十年中将面临严重的工作危机，以及任何基于雇佣劳动制的社会危机，以体面和稳定工作为基础的工作秩序正在失序，过剩人口问题已经成为现实问题。斯尔尼塞克和威廉姆斯指出，一方面，不断增加的过剩人口是雇佣劳动的储备，有利于资本营利，又可以作为资产阶级管理无产阶级纪律的工具；另一方面，他们需要的是有利于资本营利的、廉价、熟练、顺从、守纪律的过剩人口，没有这些特征的过剩人口就会成为社会秩序的威胁。[①]因此,面对不断增加的过剩人口,资产阶级必然会制定相应的办法来管理那些破坏社会秩序的过剩人口,强化社会控制。

在他们看来,西方社会管理过剩人口的第一种办法是实现充分就业,旨在将过剩人口重新纳入资本生产体系,使其成为有纪律的劳动者,并由劳资代表之间的霸权共识来保证。在西方社会战后发展的黄金时期,经济增长使这种充分就业的社会民主理想达到顶峰,经济发展的需要和工人阶级的斗争使扩大就业市场成为必要的经济目标,劳动密集型产业的发展使就业率达到顶峰。然而 20 世纪 70 年代的滞胀危机严重冲击了全球经济,经济下行压力和社会矛盾冲突促使西方发达国家重新调整资本积累体制,实行紧缩性货币政策、进行私有化改革、将失业率提高到资本可接受的水平,成为解决经济危机和削弱工人阶级力量的有效手段,右倾化政策也终结了战后充分就业的社会民主理想。

金融危机以来,全球经济遭受重创,相对于过剩人口的持续增加,靠强劲的经济增长消化大量失业者的可能性越来越不可能,产业结构转型使当前引领经济增长的互联网企业——脸谱网、推特网等也无法像福特和通用汽车那样创造大量的就业机会,新产业只雇用了 0.5% 的美国劳动力,新企业平均创造的就业岗位也比二十年前减少了 40%。[②]而且就业需求多的领域往往是高技能、非常规的工作岗位,对劳动力技能水平的高要求使整个社会目标变成竞争性主体的生产。故在斯尔尼塞克和威廉姆斯的分析中,要求更

① Nick Srnicek and Alex Williams, *Inventing the Future: Postcapitalism and a World without Work*, London: Verso, 2015, p.100.

② Nick Srnicek and Alex Williams, *Inventing the Future: Postcapitalism and a World without Work*, London: Verso, 2015, p.102.

多工作的呼声普遍存在，但实现充分就业的实际可行性值得怀疑。此外，他们表示，充分就业只是资产阶级意识形态的神秘化，失业从一开始被看作个人事故，到大萧条时期被定位为结构性问题，再到二战后以工作福利和充分就业作为回应。到今天，福利国家正在经历的许多转变可以被理解为试图恢复失业者或过剩人口的纪律性——利用工资对就业人员施加压力、福利污名化扩大潜在的劳动力储备、失业者领取微薄福利的条件越来越多、工作规范以求职者的形象强加给每一个人，"福利国家越来越成为一个旨在将过剩人口用于对抗工人阶级的机构"[①]。

第二种办法是严格的移民监管。斯尔尼塞克和威廉姆斯指出，迁移到就业前景更好的国家或地区是一种历史常态，也是应对高失业率的普遍选择。19 世纪，欧洲工业革命和农业革命浪潮摧毁了传统经济，大量的农村过剩劳动力向海外寻求生存之路，纷纷移民美国。然而随着近年来经济增长动力不足、失业人口增多，发达经济体对发展中国家和地区设置的移民障碍越来越多，移民选择越来越少，担心外来移民挤压劳动就业空间、占用社会福利资源、恶化社会治安状况，美国与墨西哥的边境墙在延伸，阻止非法移民的"欧洲堡垒"在进行，移民政策越来越严格。虽然有很多理由可以证明更严格的移民政策是合理的，但减少可能不守纪律的过剩人口往往是对移民进行严格监管的一个主要理由。

在雇佣劳动制度下，工作对大多数人而言是谋生手段，更是社会身份和自我认知的准则。没有收入来源的移民对工作的渴求使其即使面临死亡威

① Nick Srnicek and Alex Williams, *Inventing the Future: Postcapitalism and a World without Work*, London: Verso, 2015, p.103.

胁也要冒险进入一个就业机会更多的国家或地区,“结果是,在过去十五年中,超过 22000 名移民在试图进入欧洲时死亡,超过 6000 人在试图越过美国—墨西哥边境时死亡,超过 1500 人在试图到达澳大利亚时死亡”[①]。那些致命的移民障碍是当今用来隔离和管理过剩人口的主要办法之一。此外,种族主义一直是管理过剩人口的重要组成部分,严格的移民监管也与种族主义密切相关。这些移民不仅仅是其他个人,而是其他种族或民族,欧洲人高喊“欧洲人的欧洲”,严格限制外来移民入境,泰国的移民纺织工人受到过度的剥削和虐待。

第三种办法是大规模监禁。斯尔尼塞克和威廉姆斯指出,国家总是可以采取简单的排斥、监禁方式管理过剩人口,在世界范围内,监狱人口的绝对和相对规模在不断扩大。“大规模监禁是一种主要针对过剩人口而非犯罪的社会控制系统”[②],这种监禁系统必须被理解为超越监狱,是包含经济利益、政策法律、刑事司法、社会文化、思维习惯在内的整体网络,旨在征服一群人,例如制造业失业率的增加与全球警察就业增加有关,移民拘留中心对应自给经济的消亡和流动无产阶级的形成。作为“监狱国”的美国,囚犯数量达到 200 万以上,是过剩人口和大规模监禁相互交织最明显的例子。有据可查的是,美国过去几十年大规模监禁的爆炸式增长不是对犯罪率上升的反映,而是对贫民窟的扩散和民权运动进步的反映。

大规模监禁的种族主义是显而易见的,美国黑人人口的大规模监禁、欧

---

① Nick Srnicek and Alex Williams, *Inventing the Future: Postcapitalism and a World without Work*, London: Verso, 2015, p.104.

② Nick Srnicek and Alex Williams, *Inventing the Future: Postcapitalism and a World without Work*, London: Verso, 2015, p.104.

洲大部分地区的穆斯林、加拿大的土著居民及对外国移民的拘留和驱逐。监狱人口的绝大多数是有工作或无工作的穷人，而由于经济权利不平等，黑人比白人更容易陷入失业、贫穷、犯罪、监禁的困境，黑人成为大规模监禁的主要受害者。这些群体在空间上集中在市中心的贫民区，与白人隔都居住，很容易成为国家的控制目标，这显然是奴隶制和《吉姆克劳法》（即种族隔离法）的当代变形，试图以一种合法形式让其处于美国社会的边缘和底端。大规模监禁成为管理和控制被排除在劳动力市场之外并陷入贫困的过剩人口的主要机制之一，与其花费成本改造、教育囚犯遵守资本主义纪律，不如建立复杂制度将其彻底从正规经济中排除，甚至于从正常社会中排除并遭受无端暴力。

基于当前社会经济发展趋势，以及随着过剩人口的不断增加而可能出现的问题，斯尔尼塞克和威廉姆斯指出，西方社会有一套从纪律整合到暴力排斥的管理控制机制，即更严苛的就业条件、更严格的移民管理、更大规模的监禁。社会控制恢复为越来越强制的措施，而工作危机与社会强制的恶性循环必将严重威胁其社会的统治基础。

四、本章小结

自 20 世纪 30 年代以来，西方左翼在不同时期从不同角度对社会现实进行理论反思，从资本生产方式变迁来理解当代西方社会，其目的是揭露和论证资本主义社会制度的不合法性，以及人类可以建立新的社会制度。

进入 21 世纪，全球文明面临着新的灾难，气候体系遭受破坏、水资源和能源面临枯竭、冷战和热战不断、持续的金融危机、失业人数增多、薪资停滞、生活水平下降。基于对以上冲突性和压迫性社会后果的考察和分析，左翼加速主义者对当代西方社会展开批判，涉及概念层面的现代性、普遍主义、自由，以及现实层面的技术、平台、工作，其中“平台资本主义”“工作危机”是斯尔尼塞克和威廉姆斯针对资本主义社会变化和趋势的新概括，并指认当代西方社会的种种弊病是资本社会制度本身造成的，危机是资本社会制度本身的危机，只有推翻这种制度才能消除弊病，解除危机。他们的理论分析和批判为我们准确认识和评价当代西方社会提供了新思路。

在左翼加速主义的论域下，“现代性”是一个开放的概念，欧洲现代化并不是通向现代社会普遍适用的唯一道路。在今天，西方主要国家通过其经济、政治上的统治地位掌握和控制了现代性话语体系，以资本逻辑歪曲和篡改“现代性”概念，将新自由主义等同于现代性，用自认为是普遍主义的特殊主义消除差异，以消极、有限的自由冒充真正的自由，并通过新自由主义意识形态的灌输塑造现代人的自我概念，其目的是为在国内维护资本主义统治秩序、在全球推行新自由主义霸权提供话语空间。技术进步使现代性成为可能，技术发展为解决现代性难题提供可能。但在资本统摄一切的社会关系下，资本增殖目标奴役着技术生产力，资本增殖逻辑将技术加速导向新消费机制的加速运转和资本的加速扩张，生产过程的逐渐自动化恰恰是世界资本主义危机的证据。

随着数字通信技术、大数据、人工智能、云计算等高新技术在社会生产中的渗透，斯尔尼塞克提出资本和技术合谋的平台经济模式似乎并没有扭转金融危机造成的经济低迷，反而加剧了垄断趋势和对整个社会的单向度控制，剥削和压迫变得更加隐秘和严重。这种隐形的剥削和压迫在现代人的工作中最能体现。雇佣劳动制和工作伦理的规训使得工作不仅成为现代人的收入来源，而且融入现代人的身份，现代性塑造的竞争性主体深化了以工作为中心的现代观念。然而过剩人口的不断增加和稳定高薪工作的不断减少、人们不想多工作的主观诉求和经济自动化的客观趋势，这些最新发展都预示着以雇佣劳动制为基础的社会即将面临一场工作危机，长期以工作建构的社会秩序将崩溃。

作为加速主义谱系的一支，斯尔尼塞克和威廉姆斯对当代西方社会的批判是基于加速主义的立场和观点，认为资本逻辑的加速机制不会带来更美好的生活和人类社会真正的加速发展，反而会将人类社会导向不平等、冲突和混乱的边缘。为此，他们宣布，当今左翼要最大程度地拥抱加速主义趋势，让资本社会体系在加速主义趋势中走向崩溃灭亡。

同样在速度视域下进行社会批判的还有德国社会批判理论家、法兰克福学派第四代核心人物——哈特穆特·罗萨（Hartmut Roas），他是社会加速批判理论的创立者，代表作品有《加速：现代时间结构的改变》《新异化的诞生：社会加速批判理论大纲》《共鸣：世界社会关系学》《不受掌控》等。罗萨以时间结构作为分析现代社会的逻辑起点，指认现代社会是一个典型的加速逻辑支配的加速社会，表现为科技加速、社会变迁加速、生活节奏加速，这些加速的外部动力分别是“资本变现逻辑”“功能分化”“加速带来美好生活的预言”，但随着社会加速的强化，这三重面向在晚期现代则转变成一种环环相扣、自我驱动的闭合系统——“社会加速循环”，科技加速带来的是全方位的社会加速。在这种晚期现代的加速逻辑下，时间节奏被打乱，时空体验被重构，人与世界的关系已经发生扭曲，人类社会陷入新异化危机，表现为空间异化、物界异化、行动异化、时间异化、社会异化和自我异化。罗萨的“异化”概念不同于马克思和早期法兰克福学派对“异化”的理解，是在同为霍耐特的弟子、德国柏林洪堡大学教授拉合尔·耶奇（Rahel Jaeggi）——异化是一种无关系的关系——基础上的重新解读，新的异化使加速的力量从解放人变成了奴役人，这是晚期现代的社会病症，也是人们实现美好生活的主要障碍。既然加速逻辑导致新异化的产生，那么实现美好生活的路径就是超越加速逻辑，并建立人与世界的共鸣关系。

作为同时代的社会批判理论，左翼加速主义思想和社会加速批判理论都从速度视角分析和批判当代西方社会的弊病，都承认晚期现代的社会加速倾向，都关注到了科学技术的加速并没有给现代人带来更轻松的生活和更多的休闲时间，反而更加忙碌。但是面对不可阻止的社会加速，左翼加速主义者将社会病症根源归于资本逻辑，是资本社会制度牺牲了人类的加速成果，建设美好未来的出路是继续加速，利用技术加速推动社会加速，让资本主义社会制度在加速运转中自行崩溃。社会加速批判理论则认为，加速逻辑导致新异化的诞生，共鸣是克服异化、实现美好生活的最佳途径。相比而言，左翼加速主义思想更加激进，也更具现实的革命意义，罗萨提出的适应社会加速的共鸣是一种妥协，并不是真正的解放路径。

第三章　左翼加速主义关于反霸权的理论思考

《宣言》开篇就指出，21世纪第二个十年，全球文明面临的危机和灾难暴露了当今政治规范和组织结构的衰退，过去一百年来主导的政治制度、社会运动似乎不再能够带来真正的社会变革。自20世纪80年代以来，新自由主义逐渐取代凯恩斯主义成为西方社会的主流政治意识形态，颠覆了战后基于社会民主主义原则的社会共识，右翼保守主义政治大行其道。在新自由主义势力打压和保守政党强势围攻下，左翼政治萎缩退却，失去民众的信任。2008年，美国房地产次贷危机引发的全球金融危机再次让世界经济和社会秩序遭受重创。面对新的危机，右翼政党继续推行僵化的新自由主义2.0版计划，将私有化扩张到社会公共服务领域，企图恢复新自由主义秩序，却给经济和社会带来更加消极的影响。传统左翼政党也失去了曾经创造未来的政治想象力，只是试图退回到凯恩斯主义，提不出替代性的社会政治方案。

为此，斯尔尼塞克和威廉姆斯宣布，当今左翼既不能继续现行体制，也不能退回到过去，必须提出新的经济、社会和组织观念，推进比新自由主义更为现代的未来，重振左翼政治力量，一项针对新自由主义霸权的反霸权战略势在必行。

本章主要阐述左翼加速主义者对反霸权战略的理论思考，这些反霸权的理论思考建立在对当代西方社会的病理诊断和对当前流行的民间政治思想的批判上，又受到经典马克思主义和西方马克思主义的理论滋养，还得益于新自由主义“成功建构”的历史经验。

一、对民间政治的分析

“民间政治”（Folk Politics）是斯尔尼塞克和威廉姆斯提出的新概念，用来反思西方传统左翼的政治认知和组织行动，也是左翼加速主义者扭转左翼被动疲软颓势状况的重要支点。

《宣言》明确表明，面对即将来临的灾难和不断加速的危机，无论右翼政府还是左翼政党都无法形成变革社会的新观念和新组织，政治萎缩退却是我们今天的政治难题。在回顾和考察近年来出现的社会运动后，他们指出，从 20 世纪 90 年代后期的反全球化斗争，到 21 世纪初期的反战和生态联盟，再到 2008 年以来的新学生起义和占领运动，出现了一个共同的模式：抵抗斗争迅速兴起，动员了越来越多的参与者，但又逐渐消失，取而代之的是一种新的冷漠、忧郁和挫败感。不同规模的游行、抗议、占领等社会行动在总体上是失败的，大规模的动员、壮观的政治对抗、激动人心的口号似乎宣告着重大变革即将来临，然而除了宣泄对世界普遍不满的快感外，一切都没有改变，社会运动的实质影响微乎其微，伊拉克战争按计划推行、贫富差距不断扩大、次贷危机的肇事者仍在获利、紧缩性政策继续实施。哪里出了问题？他们强调：“一个关键问题是我们对所谓的‘民间政治’思想的广泛和不加批判地接受”[①]，这是左翼政治力量弱化的重要原因，也间接促成了新自由主义力量在世界范围的扩大。事实已经证明，在民间政治影响下的左翼社会运动不仅不可能成功，实际上也无法推翻新自由主义和创造一个超越资本主义的新未来。

（一）对“民间政治”概念的界定

斯尔尼塞克和威廉姆斯在《发明未来：后资本主义和一个无工作世界》一书中，把“民间政治”定义为“一种集体的、历史建构的、与实际权力机制脱节的政治常识”[②]。这一概念借鉴了“民间”的两种含义：一是认为我们对世界的直觉认知是历史建构的，二是小规模、真实、传统和自然的场所。作为一种政治常识，民间政治为当前左翼的组织建构、行动策略提供信息。斯尔尼塞克和威廉姆斯指出，常识是历史的、可变的，今天熟悉的组织形式和行动策略不是自然出现或预先给定的，而是随时间推移针对特定问题而发展起来的，某些组织和行动的有效性并非持续不变。随着经济、政治、社会和技术的变化，我们的世界变得比以往任何时候都更加复杂、抽象，以前能够将集体力量转化为解放成果的策略在今天已经失效。然而民间政治却旨在通过强

① Nick Srnicek and Alex Williams, *Inventing the Future*: *Postcapitalism and a World without Work*, London: Verso, 2015, p.16.

② Nick Srnicek and Alex Williams, *Inventing the Future*: *Postcapitalism and a World without Work*, London: Verso, 2015, p.17.

调直接性将复杂、抽象的政治降低到“人的尺度”，这种直接性表现为时间直接性、空间直接性和概念直接性。[①]

在时间直接性上，民间政治一般是对政府和企业的行动保持被动自发的反应，而不是自觉主动地发起行动，重视战术手段（围绕单一问题的政治动员或强调行动过程）而忽视长期战略目标，喜欢那些短期做法（如占领和临时自治区），倾向于回归“熟悉的过去”（如退回到凯恩斯主义）而不是选择“未知的未来”，偏爱自愿主义者和自发的行动。在空间直接性上，民间政治一般以当地作为真实场所，习惯性地组织小活动而不是大行动，赞成召开大会或直接民主这类在社区之外无法扩展的做法，支持地方主义和特定类型的行动项目，反对建立广泛的反霸权，鼓励参与主体自己采取直接行动而不是代表制。在概念直接性上，民间政治强调日常性的个人经验而不是系统性的理性思考，注重参与者在行动中的自我感觉；坚持特殊高于普遍，认为后者是极权主义性质的，坚持道德高于政治，讲究直观透明，优先考虑特殊和地方性问题；拒绝任何概念性的预设，甚至是适度的复杂性，倾向于将普遍解放和全球变化等经典问题转变为对特殊困难和地方真实性的预先考虑，从一开始就拒绝任何构建普遍政治的过程。民间政治的直接性特点限制了其思想和行动在时间上巩固、在空间上扩展、在概念上普遍化的可能性，使其行动无法扩大规模、创造持久的变化和超出特定的利益范围。

斯尔尼塞克和威廉姆斯继续说明判定民间政治需要满足的重要条件：第一，民间政治没有明确的立场，只是一种隐含的倾向。作为一种不加批判

① Nick Srnicek and Alex Williams, *Inventing the Future: Postcapitalism and a World without Work*, London: Verso, 2015, pp.17-18.

且常常是无意识的政治常识，民间政治在具体的政治立场中得到了不同程度、不同形式的实例化，我们可以在占领（Occupy）运动、西班牙“五月十五日愤怒者运动”（Spain's 15-M）、隐形委员会（Invisible Committee），以及各种形式的水平主义、萨帕塔民族解放运动（Zapatistas）和无政府主义政治，以慢食运动（Slow-food Movement）、100 英里饮食（100-mile Diet）、土食主义（Locavorism）、道德消费主义等组织和行动中发现民间政治的痕迹。第二，尽管所有的政治行动都开始于地方性的抗议活动，但民间政治的鲜明特点在于它只满足于短暂、小规模、特殊、无中介的水平，地方活动的确是任何成功的政治行动的必要环节，但只是起点不是终点。第三，民间政治可以很好地适应特定类型的问题和围绕地方性问题组织的行动和小规模项目，却不是那些企图超越资本主义的选择。鉴于全球资本主义的性质，任何替代资本主义的政治都需要抽象的、复杂的、非线性的、全球性的方法，对战术和目标、敌人和盟友、特殊和普遍进行战略性反思，这显然是民间政治无法提供的。

（二）对民间政治兴起的解释

民间政治是左翼加速主义者对当代左翼政治状况的反思与批评，民间政治干预的左翼组织和行动无法抵抗新自由主义霸权并建立更美好的未来，但民间政治确实又对左翼政治和社会运动有着极大的诱惑。究其原因，斯尔尼塞克和威廉姆斯给出三种解释。

第一，民间政治是对日益增加的社会复杂性和抽象性的回应。当今世界比以往任何时候都更复杂、抽象、非线性、全球化，错综复杂的原因反馈以意想不到的方式产生混沌效应，越来越多的问题超出了我们构造和理解日常生活的叙述和经验。我们困惑于如何在日益复杂抽象的世界中进行解释和行动，而民间政治给出了认识复杂世界的另一种可能反应，即如果当前的复杂性超过了人类思考和控制的能力，那就将复杂性降低到人类水平，回归到"易懂的""可感知的""缓慢的""协调的""简单的""日常的"的世界。民间政治将政治简化为伦理和个人斗争，倾向于立竿见影的结果和行动的具体表象，试图把全球化资本扩张规模缩小到可以想象的程度，并对这种受限的资本社会体制采取行动，努力维持短期的力量平衡，而不是彻底改变社会结构。

第二，民间政治是对过去五十年来共产主义和社会民主左翼历史经验的回应。二战后，新出现的工作形式、能源危机、资本积累模式、新自由主义意识形态、共产主义国家统治的灾难性现实等因素，破坏了欧洲和美国战后社会民主主义制度的基础，加之斯大林主义和苏联政权对东欧民主化运动的镇压使得人们对革命导致僵化的技术官僚主义和政治镇压的恐惧超过了对革命可以实现解放的期待。社会民主党也逐渐从工人阶级的群众党转变为越来越多的以联盟为基础的政党，政党形式持续衰落。与此同时，新左派内部（尤其是女性主义）批评政党或传统工会组织不是分解，而是巩固社会中普遍存在的父权制和性别歧视的社会关系，故兴起许多新的社会组织和运动以对抗这种压迫性社会关系。尽管新社会运动在参与者身份、意愿、地域、战术等方面各不相同，但都是为了破坏日常权力的运作、挑战和削弱官僚等级的权力，支持直接行动，鼓励个人以自己的方式表达意愿，民间政治在新社会运动中找到了合适的历史条件。

第三，民间政治是对当代政党政治空洞化的直接反应。20 世纪 70 年代西方国家的滞胀危机为左翼和右翼的霸权之争提供了机会。右翼政党采取将经济危机和工会权力相联系的政治经济战略，采取武力威胁、制定法律、调整分配、舆论攻击等多种方式破坏工会团结和工人运动，导致发达国家工会空心化和工人运动的失败，后通过新自由主义私有化改革成功解决了资本营利难题，缓解了结构性危机。反观左翼政党，老左派在新危机面前依旧采取过时的凯恩斯主义经济政策，无法抑制失业和降低通货膨胀，新左派又无法将自己制度化并形成对抗资本主义霸权的有效行动，结果是左翼政治越来越被边缘化，失去大众的信任。随着新自由主义意识形态的扩大，大多数主要政党接受新自由主义化改革，选举政治实现社会变革的能力降低，大规模选举的参与度和满意度下降，大众更青睐小规模、直接的参与式民主。此外，文化的传播和主流政治的支持使得很多政治运动的诉求——男女薪资平等、堕胎权、反种族主义、反歧视、同性恋——被载入法律或在社会层面被接受，这些运动看似取得了显著成就，实则却局限于市场中心论、自由权利等新自由主义霸权术语中，对社会进行彻底变革的激进要求则被掩盖。

综上所述，左翼传统组织的崩溃、社会民主党被迫加入新自由主义阵营、当代政党政治的空洞化为民间政治的存在提供了历史条件，在日益复杂和抽象的世界中，偏向直接性、特殊性、地方性的民间政治提供了一种诱人的斗争方式。但是斯尔尼塞克和威廉姆斯警告：这种政治无法产生可能取代而不仅仅是抵抗全球资本主义的持久力量。

(三)对民间政治局限的探究

斯尔尼塞克和威廉姆斯在分析了当今左翼流行的民间政治的特点和原因后,转向考察过去十五年来激进左翼一些重要的社会运动实践,进一步探究民间的局限性。

首先是在政治上较为激进的水平主义运动。这是一种以拒绝一切形式的统治、坚持直接民主、承诺象征性政治、强调直接行动为特征的社会运动,试图从社会底层改变社会关系进而改变世界。水平主义超越了传统左翼对国家和资本的关注,在寻求直接和无中介的社会关系的同时主张构建多种类型的政治结构,这是当代激进运动的一大进步,却也预示了这种具有民间政治倾向的运动在复杂的全球化资本主义中难以创造持久变革的能力,而这种预示在实践中也得到了证实。占领运动最能体现水平主义的特征,也最能说明民间政治的缺陷。2011 年,从美国"占领华尔街"开始的抗议金融危机浪潮迅速蔓延至全球七十多个国家和一千五百多个城市和地区,在产生巨大的社会轰动效应后仍被国家武装强力清理了占领区。斯尔尼塞克和威廉姆斯肯定了占领运动在提供了让大多数人直接表达自己意愿的渠道和平台、允许人们参与共同的政治项目、展示了政治团结的可能性、建立了可以直接行动的基础设施、引起主流媒体对社会不公正问题的关注等方面的积极作用,但是指出占领运动在思想上和实践上的民间政治倾向使其成果无法在时间上巩固、空间上扩展和获得普遍化。

究其原因,其一是在于占领运动的主要特点是直接民主,以召开集体大会获得共识为主要组织形式,这适合于革命热情的短暂时刻,随着占领的持续，面对面的直接民主无疑增加了参与者的额外工作和压力，其可持续性难以保证。而且直接民主依赖空间的直接性，这使其难以应对超出社区范围的区域性、全球性问题，还可能滋生仇外心理、种族主义等落后思想。其二是占领运动拒绝任何形式的组织垂直性，拒绝与劳工组织、社团组织和政党组织等建立有效联系，导致其行动往往是单独性的，对国家暴力威胁的抵御能力不足，无法在时间和空间上扩展运动，难以取得更广泛的成功。其三是占领运动迷恋象征性政治，希望见到立竿见影的效果，希望立即在占领空间建立非资本主义世界以走向更激进的方向，而这被明确理解为一种临时性的短期体验而不能带来实质性的社会改变。事实上，这些乌托邦临时空间内缺乏自给自足的物资配给，外受国家和企业强势镇压，处于敌对的资本主义包围圈。正如斯尔尼塞克和威廉姆斯所说，占领运动在带来大规模变革方面仍然是无效的，"它与关于地方空间、小社区、直接民主和社会边缘临时自治的好处的某些假设结合在一起。反过来，这些信念使运动无法在空间上扩展，无法建立可持续的转型和自身的普遍化"①。

其次是在政治上无处不在的地方主义，即认为当前政治、经济和生态问题产生的根源在于世界的抽象性和庞大规模，解决办法只能遵循"小就是美"的原则，将大规模的系统性问题降低到地方社区更易处理的水平。例如，最有影响力的"慢食运动"——鼓励回归古老的美食文化和传统的美食制作以抵抗资本主义的快速变迁、"100 英里饮食"——强调，采购食用当地生产的食物有利于减少碳排放，以及 2008 年金融危机爆发以来出现的"转移你

① Nick Srnicek and Alex Williams, *Inventing the Future: Postcapitalism and a World without Work*, London: Verso, 2015, p.41.

的钱”运动——将资金从大银行集体转移到规模更小、更有道德的当地银行和信用合作社。斯尔尼塞克和威廉姆斯指出，这种地方主义主导的食品生产和经济体系改革忽略了世界的复杂性和系统性，简单预设了大与小、全球与地方的二元对立，认为小就是美、地方性就优于全球性。在他们看来，慢食运动显然将复杂的社会问题简单化，没有评估现代人在经济、政治、社会中的压力，享受慢食运动需要花费金钱、时间、精力，这对许多人来说是奢侈的。此外，以食物里程衡量食品运输中的碳排放也是糟糕的，效率低下的当地食品生产成本远高于高效种植的全球采购食品，甚至会增加总的碳排放。同样，地方主义的银行系统并不能抵御全球金融危机的破坏，当小型银行或信用合作社的存款超出其在当地投资营利的能力时，不可避免地会向更大的金融体系寻求再投资以获取高回报，它们同大银行一样是全球市场的一部分，同样参与着导致金融危机的高风险借贷行为。事实是，金融危机后美国六大银行的总资产仍在增加，风险贷款仍在继续，规模比危机开始时更大，限制大银行规模的地方主义对解决金融体系的系统性问题的作用是微乎其微的。

最后，斯尔尼塞克和威廉姆斯得出结论：民间政治无法推翻新自由主义霸权。民间政治充斥着一种深深的悲观主义，将暂时、局部、小规模的变化当作成功的前景，预先假设了我们无法进行大规模的集体性的社会变革，从而拒绝了在更大范围内与资本权力抗衡的政治。这种失败主义的倾向在当代左翼政治中肆虐，使其在政治竞争中陷于颓势，这种政治行动从一开始就注定会走向失败。最近的斗争策略总体上是失败的，水平主义、地方主义、社会民主怀旧、抵抗运动、退出社会都或多或少地带有民间政治的宿命论色彩，都不足以完成改造资本主义的重大任务。因为“他们将大部分的力量都放在内部直接民主，更重视情感上的自我价值肯定，而不是谋求战略上的行动效果，他们反复提出新原始地方主义的形态，仿佛用脆弱不堪、转瞬即逝的当下直接的共同体的‘本真性’就能对抗全球性资本的抽象暴力”①。当然，斯尔尼塞克和威廉姆斯一再强调，民间政治尽管存在局限，但它也是反霸权行动的必要环节，重振左翼政治力量不是简单地拒绝民间政治，而是要更新左翼政治思维方式（从直接性分析转向复杂性分析）和升级政治方式（从直接行动转向建立平台和扩大规模），对任何特定行动的优点和局限进行战略性思考，整合任何努力摆脱新自由主义并建立更美好未来的组织和行动，恢复被新自由主义破坏的未来。

二、对反霸权的理论参鉴

当今左翼的基本任务是阐明和实现一个更美好的未来，意味着必须推翻新自由主义，意味着必须思考一项不同于民间政治的、可以对抗全球资本暴力的战略计划。斯尔尼塞克和威廉姆斯表示，过去的社会变革策略或行动或许取得了些许成就，但并没有达到预想效果。经典列宁主义主张与革命政党建立双重权力并推翻国家，这种形成于帝国主义时代和无产阶级革命时代的策略已经过时，布尔什维克革命模式的支持者作为历史重演者似乎比

① Alex Williams, Nick Srnicek, Accelerate: Manifesto for an accelerationist politics, in Robin Mackey and Armen Avanessia(eds.), *Accelerate: Accelerationist Reader*. Falmouth, U.K.: Urbanomic, 2014, p.351.

作为当代政治行动指南更有用；从伊朗伊斯兰革命到“阿拉伯之春”运动的一系列革命斗争的结果也只是神权威权主义、军事独裁和内战的某种结合；选举改革主义并没有在体现公民意志、满足选民道德或利益诉求方面取得成就，反而在二战后逐渐演变为统治精英之间的互动游戏，并在近几十年来融入新自由主义意识形态，这种改革只是一种形式化的改造，是为了应对大众崛起对精英统治的冲击并充当一种以政治为媒介的稳定系统；最近全球的抗议活动表明，偏好直接行动、防御性斗争、绝对民主、象征性政治、地方主义、水平主义的民间政治策略无法抗衡全球扩张的资本权力，也无法完成改造资本社会制度的任务；相信社会进步的必然趋势或革命后人民会自发建构一种新的非资本社会经济体系都是天真、无知的表现。

鉴于以上方法的局限性，面对新自由主义的全球扩张，以及即将到来的工作危机的全球性特征，左翼创造更美好的未来需要深思熟虑的反思和有意识的行动，必须寻求建构一种能最大程度挑战新自由主义的扩张性战略。他们表示，反霸权战略是最佳选择——“这是一种可以适应弱势地位的战略，可以从地方扩展到全球，并认识到资本主义控制着我们生活的方方面面，从我们最熟悉的欲望到最抽象的资金流动”[①]。反霸权战略是左翼加速主义在新自由主义霸权轨道上，试图超越资本制度的政治计划，经典马克思主义和西方马克思主义关于推翻旧世界和建立新世界的思想对其有重要的启示性影响。

① Nick Srnicek and Alex Williams, *Inventing the Future: Postcapitalism and a World without Work*, London: Verso, 2015, p.131.

(一)重新解读马克思的"机器论片段"

20 世纪六七十年代,马克思的《1857—1858 年经济学手稿》中"资本章"第二篇"固定资本和社会生产力的发展"部分,引起西方学者的广泛关注和激烈论战,建构起不同于传统马克思主义的解读路径。1964 年,意大利学者雷纳托·索米尔(Renato Solmi)以"Frammento sulle Macchine"(意大利文)为题,在《红色笔记》第 4 期发表该部分内容。1973 年,意大利学者皮耶尔·阿尔多·罗瓦蒂(Pier Aldo Rovatti)在《马克思〈大纲〉中的拜物教批判》中,为该部分起名"Fragment on Machines"(英文),中文译为"机器论片段"。至此,"机器论片段"成为西方学界对此部分的惯用称呼。

在 21 世纪,左翼加速主义者认为,"和尼克·兰德一样,马克思也是最典型的加速主义思想家"①,并将"机器论片段"视为马克思"最为公开的加速主义著作"②。在他们看来,"机器论片段"包含着马克思诉诸机器技术加速以超越资本主义和实现人类解放的伟大洞见,"马克思在这里记录了工人使用工具作为假体器官来增强人类认知与身体能力(劳动力)和机器生产之间的重大转变,将后者追溯到一个集成的'自动的机器体系'的出现,知识和对自然的控制随着工业发展取代了直接的劳动手段。在自动的机器体系内,工人越来越成为一个假肢:不是工人让机器动起来,而是机器激活了工人,让他们

---

① Alex Williams, Nick Srnicek, Accelerate: Manifesto for an accelerationist politics, in Robin Mackey and Armen Avanessia(eds.), *Accelerate: Accelerationist Reader*. Falmouth, U.K.: Urbanomic, 2014, p.353.

② Robin Mackey and Armen Avanessia(eds.), *Accelerate: Accelerationist Reader*. Falmouth, U.K.: Urbanomic, 2014, p.9.

成为‘强大有机体’的一部分，‘有意识的器官’受制于它的技艺或‘外来力量’。个人被纳入一种新的机械文化，采取适合其世界的习惯和思维模式，并被不可逆转地重新客观化为社会存在”[①]。但是人们对这部分的探讨多停留于机器技术与资本权力合谋而同劳动相对立，加深劳动异化和加剧社会剥削的层面，很少重视机器技术作为一般智力的外在化变成直接的生产力，消解直接劳动，有可能反噬资本并摧毁资本主义制度体系的社会历史意义。

在他们对“机器论片段”的解读中，马克思超越了人本主义和技术主义对立的机器技术观。马克思肯定了机器技术在生产中的能量爆发，否定了资本生产关系与技术生产力的长久兼容性，批判那种试图恢复前资本社会的旧的生产资料和交换手段是“开历史倒车”。所以加速和重新占有机器技术就成为超越资本制度和解放全人类的一种可能路径。具体来说，左翼加速主义者大致从以下四方面重新解读“机器论片段”，为自己的反霸权战略寻找理论支撑。

其一，不断投资固定资本和更新机器技术，是社会再生产和提高生产率的核心要素。自动的机器体系在生产中的应用彻底改变了人与自然之间物质和能量的变换方式，生产过程的自动化使得用较小的劳动投入即可获得大量的产品输出，用较少的劳动时间就能占有和保持普遍的财富，实现了社会生产在量和质上的巨大飞跃。技术加速和机器自动化带来社会生产力的巨大增长，这无疑为走向人类解放的新社会提供了坚实的物质基础。

其二，“机器论片段”中有一种新观点：“固定资本的发展表明，一般社会

① Robin Mackey and Armen Avanessia (eds.), *Accelerate: Accelerationist Reader*. Falmouth, U.K.: Urbanomic, 2014, p.6.

知识，已经在多么大的程度上变成了直接的生产力，从而社会生活过程的条件本身在多么大的程度上受到一般智力的控制并按照这种智力得到改造。”[①]作为人类历代认知能力和实践经验积累的成果，机器技术是一般社会知识或一般智力的对象化。在资本生产条件下，机器体系表现为固定资本的最适当形式，既表现为按资本逻辑塑造社会面貌的趋势，又蕴含着冲破资本逻辑束缚、解放人本身能力的巨大革命力量。当“机器—人”成为有机整体时，机器技术就不再是异化的工具，而是服务于人的自由解放。

其三，资本家购买工人的劳动力并无偿占有剩余劳动，是资本价值增殖和财富创造的基础。但是，“随着大工业的发展，现实财富的创造较少地取决于劳动时间和已耗费的劳动量，较多地取决于在劳动时间内所运用的作用物的力量”[②]。一旦机器体系表现为现实财富的总代表，直接形式的劳动被自动的机器体系替代而不再是生产的基础，剩余劳动就不再是一般财富创造的条件，劳动时间也就不再是衡量财富的尺度，那么以交换价值为导向的生产体系也在这一替代过程中被瓦解。资本家使用机器或机器体系竭力缩减必要劳动时间的趋势和以劳动时间作为衡量财富唯一尺度的规定产生了矛盾，这是资本的自我否定和解构，不断加速机器技术发展进程就加速这种生产体系的自我瓦解，就是加速新社会的到来。

其四，机器技术是人类走向自由的杠杆。“节约劳动时间等于增加自由时间。”[③]自动的机器体系使生产的社会必要劳动时间降低到最低限度，个体

---

① 《马克思恩格斯文集》（第八卷），人民出版社，2009年，第198页。

② 《马克思恩格斯文集》（第八卷），人民出版社，2009年，第195—196页。

③ 《马克思恩格斯文集》（第八卷），人民出版社，2009年，第203页。

可以有更多自由支配的时间，从事提升自我综合素质和个性自由发展的更高级的活动。作为一般智力的对象化，机器技术的发展本质上是人们在实践过程中内在能力的发展，人的全面充分自由发展又作为最大的生产力加入生产过程，社会个人的发展表现为社会生产和财富的基石。到那时，剩余劳动时间不再被他人占有而归工人自由支配，个人需要成为必要劳动时间的尺度，社会生产以所有人的共同富裕为目的，继而更新他们所创造的财富世界和他们自身。

（二）吸收葛兰西的领导权理论

左翼加速主义的反霸权战略吸收了意大利伟大的无产阶级理论家和革命家、西方马克思主义创始人安东尼奥·葛兰西（Antonio Gramsci）的领导权（也称霸权）[①]理论。文化领导权是葛兰西全部理论逻辑的辐射轴心，开辟了重新理解激进政治的理论范式，创立了西方无产阶级革命的新策略。

"领导权"概念并不是葛兰西的首创。1883—1884 年，俄国社会党的普列汉诺夫（Axelrod）和阿克西尔罗德（Plekhanov）就曾提出，描述的是无产阶级与其承担的历史任务之间的错位关系，是无产阶级在民主革命中对资产阶级的领导。之后，列宁改造了这一概念，指的是无产阶级在社会主义革命中对同农民阶级联合的阶级联盟中的政治领导。葛兰西对"领导权"概念的最初表述出现在 1926 年的《南方问题笔记》，延续了列宁主义的观点，停留在阶级联盟的意义上。1926 年底，葛兰西被法西斯当局逮捕监禁，虽身陷囹圄

① 葛兰西笔下的"Hegemony"有霸权和领导权两种译法，本书在理论阐释和引用时选择"领导权"之译。

但他从未停止思考，写下对后世影响巨大的《狱中札记》，创立了一种以争夺文化领导权为核心的无产阶级斗争新策略。这也成为启发左翼加速主义反霸权的重要理论资源。

葛兰西的文化领导权建立在其市民社会理论之上，将领导权置于新界定的市民社会领域加以研究，这是其创新之处。不同于黑格尔和马克思对市民社会的经济关系界定，葛兰西认为，上层建筑领域包括涉及文化、伦理和意识形态的市民社会和关涉国家和政府政治活动的政治国家，市民社会被提升到与国家并列的社会地位，作为人类社会结构的独立领域对社会运行发挥重要作用。在市民社会范畴的新规定中，葛兰西指出，西方国家由于经济发达有独立的市民社会，其国家是强制与同意的结合体，既有传统阶级统治的暴力特征，也有通过契约、协商、议会、舆论监督等民主方式征得社会同意的特征。“国家与市民社会关系得当，国家一旦动摇，稳定的市民社会结构立即就会显露。国家不过是外在的壕沟，其背后是强大的堡垒和工事。”①于是葛兰西强调，一个社会集团的领导权地位体现在政治统治和文化—道德意义上的领导，特别是后者。西方的资产阶级不仅取得了政治领导权，还拥有文化领导权，通过家庭、学校、教会、工会、报刊、新闻媒介、学术机构等民间的社会团体吸收整个社会，将符合统治集团利益需要的世界观、价值观灌输给被统治集团，把被统治集团纳入自己的经济圈和文化圈，从而认同其统治的合法性和有效性。市民社会是连接经济基础领域和上层建筑领域的桥梁，以一种中介性且合法的方式支撑着社会秩序，这是资本主义和资产阶级

① [意]安东尼奥·葛兰西：《狱中札记》，曹雷雨、姜丽、张跣译，中国社会科学出版社，2000 年，第 194 页。

的利益在基本上没有武力斗争的民主社会中得到保障的重要原因。

葛兰西对文化领导权的理解超出了俄国社会党和列宁主义的观点，赋予“领导权”概念丰富蕴含。领导权空间扩大为经济、政治、文化、道德目标的统一，使领导权理论普遍化为一般意义上的政治分析；领导权主体从阶级联盟扩展到一般意义的统治集团和被统治集团，让领导权成为一切历史时代处于支配地位的集团使自己的统治合法化的政治活动。夺取领导权就是要用自己的阶级意识去说服其他阶级，削弱统治阶级的影响力，再配合显性的政治革命，最终夺取国家政权。正是基于这种认识，葛兰西扩大了无产阶级斗争的空间，确立了新的无产阶级革命道路。在他看来，西方无产阶级革命的首要任务，不是效仿俄国十月革命武装暴力夺取政治领导权，而是要争夺市民社会的文化领导权，从速战速决的运动战转向长期的阵地战。

他在《狱中札记》中阐述了夺取文化领导权的步骤：第一步是战胜外部敌人，领导权的建立必须摆脱外部力量的束缚，获得相对自治的权力；第二步是重组经济秩序，在最大限度提高生产效率的基础上重新组织生产关系，将人和生产工具进行新的结合形成新的经济力量，为实现真正的自由提供可能性；第三步是获得其他社会集团和阶层的同意，即赢得文化领导权。葛兰西在书中重点论述了最后一步，强调争夺文化领导权是一个漫长的理性化过程。资产阶级控制整个社会秩序的共识，并且绝不会主动放弃领导权，他们会利用市民社会的机构和知识分子来加固资产阶级的思想防线以保护统治政权。因此，无产阶级要取得文化领导权，就要建立一种与资产阶级文化相对立的“反文化”，知识分子的作用就被凸显出来。

知识分子在葛兰西思想中占有重要地位。在这里，知识分子不是专门从事特定知识生产或传播的特定群体，人人都是知识分子，但只有少数精英知识分子才具有知识分子的职能。因为“知识分子便是统治集团的‘代理人’，所行使的是社会霸权和政治统治的下级职能”[①]。葛兰西指出，传统知识分子是旧统治阶级的知识分子，要将其强制消除或对其思想驯化。而有机知识分子是与新生阶级相联系的知识分子，他们要构建新阶级的意识形态，负责在大众中传播新的世界观，提升大众的思想水平和阶级觉悟，从而占领大众常识哲学，使无产阶级的意识形态普遍化为整个社会的意识形态，建立起无产阶级的政治文化阵地，为夺取霸权创造可能。

（三）借鉴拉克劳与莫菲的“新葛兰西主义”

20 世纪 70 年代中后期，左翼政治的衰落和右翼势力的复兴，以及新社会运动的兴起使科学社会主义遭受普遍怀疑。一些左翼理论家在后现代思潮的影响下，试图按照时代变化重新规划社会主义，确立新的人类解放模型。作为后马克思主义的旗手，拉克劳与莫菲宣布，左翼进入后马克思主义的阶段，社会主义的理论前提和现实策略在新的历史阶段需要重新研究。葛兰西的理论成为他们建构后马克思主义理论的中介，形成了一种被西方左翼学者称为“新葛兰西主义”的后马克思主义领导权理论。

在拉克劳与莫菲看来，葛兰西的理论中蕴藏着消解还原论的思想基因。葛兰西指出，文化领导权的产生和争夺是在市民社会，而市民社会从属于上层建筑的意识形态领域，那么争夺过程就是基本社会集团通过意识形态斗

---

① ［意］安东尼奥·葛兰西：《狱中札记》，曹雷雨、姜丽、张跣译，中国社会科学出版社，2000 年，第 7 页。

争建构主导权的过程。在这里,意识形态不是心理意义上随意的感觉或观念,而是属于纯粹政治层面的有机的实践性的东西,不是经济结构的产物,而是建构主体的场域,是不同意识形态因素争夺主导权的过程。按照他们的观点,政治主体通过意识形态产生,在意识形态领域进行活动,并获得对其所处地位的意识。经济关系界定的阶级主体与政治意识形态构成的主体并不完全等同,非阶级的政治主体消解了传统马克思主义中关于主体具有固定阶级属性的还原论命题,创造了一个融合不同意识形态要素的统一体。这个统一的意识形态体系不是先验性、静态性的存在,是各种意识形态因素为争夺领导权而反复斗争的动态结果,并且这种统一不是一种意识形态对其他异质意识形态的完全同化或彻底拒绝,而是根据新情况重新接合现存的意识形态要素,形成共识性的集体意志。拉克劳与莫菲在这里预设了意识形态因素中并不一定必然地具有阶级性,这些非阶级或中立的意识形态因素被接合进赢得霸权斗争一方的阶级话语中,那么意识形态就成为接合实践的结果而不受制于阶级属性的规定。

在《社会主义战略,下一步在哪儿?》(1981 年)一文中,拉克劳和莫菲提出了马克思主义理论的“哥白尼式革命”——与经济主义决裂,赋予意识形态完全自主性。这意味着超越葛兰西关于领导权阶级“必须以霸权集团在经济活动的根本中心所执行的决定性职能为基础”[①]的还原论观点,意味着领导权接合的一切束缚被消除,政治行动主体由偶然性的霸权接合原则塑造。可见,社会力量并非因主体在生产关系中的结构性地位而统一,然后再形成

① [意]安东尼奥·葛兰西:《狱中札记》,曹雷雨、姜丽、张跣译,中国社会科学出版社,2000 年,第 124 页。

统一的意识形态体系，而是开始拥有了某种可以解释一个共享的集体处境的可理解的意识形态因素，然后通过领导权接合形成一个阶级或一种一致的社会力量。1985 年出版的《领导权与社会主义的策略》[①]彻底将领导权与任何形式的“在场形而上学”划清了界限，坚持反本质主义和多元主义立场，建构起以激进多元民主为核心的社会主义战略。

拉克劳和莫菲解构传统的经济理论架构，祛除经济基础的决定性作用。他们认为，马克思主义发展的最大瓶颈就是“经济决定论”，这种将任何社会现象都回溯其经济根源，社会结构是以经济为中心建构的社会系统是本质主义的典型概括，必须将之清除。为了摧毁经济这一“本质主义的最后堡垒”，他们诉诸话语理论，认为话语构筑现实本身，社会是由话语建构的，经济就是一种社会话语形式，与其他的话语形式共同处于一个更大的社会话语系统内，并不必然具有对其他话语形式的线性决定作用。同时，他们指出：“经济在实际上是各种不同社会作用力之间的复杂关系，而生产力本身屈从于统治阶级加于其上的合理性。这意味着经济像其他所有社会领域一样是政治斗争的场所，它的‘运动规律’并不被单一的逻辑所宰制，而是由存在于特定社会中的异质性的接合所支配。”[②]如此，他们比阿尔都塞更进一步，索性取消了社会发展中经济因素的决定性作用和先验特权，强调社会发展受多元动力驱动，是各因素偶然连接的产物。

他们解构传统的政治理论架构，消解阶级和阶级斗争理论。主体与生产

---

① ［英］恩斯特·拉克劳、查特尔·墨菲：《领导权与社会主义的策略》，尹树广、鉴传今译，黑龙江人民出版社，2004 年。

② ［英］欧内斯托·拉克劳、尚塔尔·墨菲：《社会主义战略，下一步在哪儿?》，载周凡、李惠斌主编：《后马克思主义》，中央编译出版社，2007 年，第 64 页。

资料的关系在传统马克思主义理论中是确定阶级的核心依据,种族、民族、国籍、性别等不会影响阶级内核,阶级斗争也是在一定的经济利益互相对立和冲突的基础上发生的,阶级革命具有解放人类的彻底性和宏大性。然而随着生产方式向后福特制过渡,受新技术革命和消费主义的影响,以及社会公共空间的扩展,资产阶级和无产阶级的结构和功能已经变化,工人阶级数量减少且不断分化,非生产领域涌现出大量新阶层,传统的阶级和阶级斗争理论无法对资本主义现实变化和新社会问题提供综合性的解释。为此,他们首先以政治认同为基础的身份概念代替物质生产领域的阶级概念,宣扬政治主体的立场多元化和身份多重化,以修正传统马克思主义将阶级等同于工人阶级的还原论观点,建构超越阶级规定的领导权接合。其次,他们认为,后现代社会中更多的是要求政治参与、性别平等、教育公平、生态安全等的民主政治斗争,是当代人争取自身民主权利,而不是为争夺生产资料的阶级斗争。斗争领域从生产关系扩展到更为广泛的社会关系,斗争形式从单一暴力革命发展为激进民主的多元方式。所以拉克劳与莫菲将新社会运动看作后现代民主斗争的典型,在多元主义公民身份的主体概念下,性别的、种族的、阶级的、生态的、地方的等一系列极端不同的斗争汇聚在一起,体现了一种民主政治斗争和去中心化的多元参与方式,增强了斗争领域的自主性和政治空间的多样化,为后马克思主义的解放实践提供可能。

他们解构传统的共产主义理论,规划激进民主的社会主义战略。通过以阶级斗争为核心的社会主义革命建立人民民主政权,是马克思对未来共产主义的规划。然而随着工人阶级力量的分化和阶级对立模式的淡出,今天再提马克思传统式的社会主义革命策略是不合时宜的。面对西方社会现实的深刻变化和右翼势力唱衰社会主义的论调,拉克劳与莫菲坚持社会主义不变,但要改变实现社会主义的目标和策略。激进民主政治就是他们在资本主义民主框架内拓展新政治空间的理论创新,是对传统社会主义构想的解构。拉克劳和莫菲认为,民主是一个持续的渐进过程,不存在资本主义民主和社会主义民主之分,社会主义只是民主进程的重要环节,推进民主就是推进社会主义目标。在实现社会主义的战略上,他们选择从整体性的阶级革命转向多元化的民主运动,尊重个人自由,遵循公民身份是不同社会行动者主体地位确认的原则,承认结盟关系的特殊性和多元性。如此一来,科学社会主义设定的基于阶级利益的无产阶级夺取政权的政治斗争,被置换为不同主体间为争取民主权利的对话和协商行动。

三、对新自由主义“成功建构”的剖析

面对20世纪70年代失业和通货膨胀同时持续高涨的经济停滞现象,传统的凯恩斯主义经济政策显然失去了效力,“滞胀”导致的紧迫形势吁求新的替代方案。不可否认的是,当时解释经济问题的理论模型是多样的,经济危机的解决方案也是多种的,那么新自由主义为何胜出并作为一种普遍的意识形态传播到世界各地和渗透到各个方面呢?斯尔尼塞克和威廉姆斯断言:“新自由主义从来都不是资本主义积累的既定目标,也不是资本积累的必然终点。相反,它从一开始就是一个政治项目,并最终取得了巨大的成功。它成功构建了一种意识形态和支撑它的基础设施,并以非民间政治的方

式运作。”①新自由主义取代凯恩斯主义的历史，是一个关于右翼如何能够超越民间政治并构建新霸权的成功案例，为左翼加速主义的反霸权战略提供了现实参考和经验。

（一）对新自由主义形成历史的考察

不同于描述20世纪70年代以来新自由主义在全球布展的一般历史，斯尔尼塞克和威廉姆斯将考察新自由主义形成的重点放在70年代以前的历史，认为正是在这个新自由主义时代的史前时期，我们可以看到一种避开民间政治局限的政治行动模式，一种非主流的理论实现了全方位的社会渗透。

20世纪20年代早期，奥地利经济学家路德维希·冯·米塞斯（Ludwig von Mises）就反对奥地利“红色维也纳”。1927年，他和奥地利学派的弗里德里希·哈耶克（Friedrich Hayek）就社会主义经济计算问题与波兰经济学家奥斯卡·兰格（Oskar Lange）展开论战。1938年，沃尔特·李普曼座谈会（The Walter Lippmann Colloquium）在法国巴黎举办，古典自由主义理论家、德国秩序自由主义者、英国伦敦政治经济学院自由主义者、奥地利经济学家首次聚集在一起，共同探讨古典自由主义在集体主义兴起时的历史退潮，并成立了旨在发展和传播一种新的自由主义的国际组织——振兴自由主义国际研究中心（Centre International d'Études pour la Rénovation du Libéralisme），组织的计划由于二战爆发而终止，但新自由主义全球基础设施的种子已经播下。

① Nick Srnicek and Alex Williams, *Inventing the Future: Postcapitalism and a World without Work*, London: Verso, 2015, p.56.

1945 年，哈耶克与一位瑞士商人的偶然会面使其获得重启新自由主义组织的经济支持。1947 年 4 月，哈耶克在瑞士朝圣山秘密召开了一次自由主义者集会，来自欧洲和美国的三十九位经济学家、哲学家、历史学家、法律学家、新闻工作者等参加了学术研讨，共同关注自由主义陷入的危险境地。

1947 年 11 月 6 日，朝圣山学社（Mont Pelerin Society）正式成立，哈耶克担任主席，为新自由主义的缓慢崛起提供了基本的意识形态基础设施。斯尔尼塞克和威廉姆斯指出，朝圣山学社从一开始就有意识地改变社会政治常识，并寻求发展一个新自由主义的理想社会。[①]哈耶克在邀请信中写道：朝圣山学社的目的是争取最优秀人才的支持，以制订一个有机会获得普遍支持的计划，我们的任务不是立即可行的事情，需要付出长期努力，必须作好在"思想之战"中进行长期阵地战的准备。[②]在会议之前，哈耶克诊断出新自由主义的问题所在：缺乏现有凯恩斯主义秩序的替代品，没有一贯的哲学，也没有真正的变革计划。因此，哈耶克将朝圣山学社的中心目标定为：改变精英政治常识，以便确定之后可以形成大众舆论。在凯恩斯主义大行其道的时代，新自由主义并不符合资本家的利益，教育资本家成为新自由主义者就成为朝圣山学社的一项主要任务。围绕这些目标任务，朝圣山学社开始制定清晰的战略，积极构建广泛的跨国意识形态传播的基础设施，占领关键政治领域。

斯尔尼塞克和威廉姆斯发现，在朝圣山学社目标的背后，有一个一致但

---

① Nick Srnicek and Alex Williams, *Inventing the Future*: *Postcapitalism and a World without Work*, London: Verso, 2015, p.59.

② A Short History of the Mont Pelerin Society, https://www.montpelerin.org/about-mps/, 2022-3-25.

高度灵活的关于新自由主义的解释，尤其在国家干预是维持竞争秩序的必要还是垄断和集中的根源方面出现严重分歧，还有其他特定政策战略问题的争论，表明这并不是一个统一的群体，共同的元素是致力于建立一种新自由主义体制。然而这并不是从外部反对新自由主义，仅表现为新自由主义内部的多元性和差异性。正是这种内在的多元性让新自由主义得以在世界各地传播扩散，可以适应每个空间的特殊性，使其能够出色地履行将不同群体纳入总体共识的功能，看似充满分歧与冲突，实则体现了新自由主义的扩容性，这是新自由主义话语在全球占据主导地位的内在动力。

二战后，世界局势为经济观念的重大变化作好了准备。世界上大多数国家都采用了凯恩斯主义政策，但联邦德国由于其一系列的经济困难——既有魏玛共和国恶性通货膨胀问题，也有战后艰巨的重建任务——选择了一条不同的道路，由在沃尔特·李普曼座谈会上召集的一些新自由主义者指导经济恢复工作。正是在联邦德国，新自由主义首先在组织和政策上取得了成功。面对联邦德国在战后彻底崩溃的现实，如何在没有功能性国家基础设施的情况下获取合法性成为规划者需要解决的首要问题。他们从早期秩序自由主义经济思想那里寻找到了答案，即建立一个经济自由的国家，国家被视为从运转良好的经济中获取合法性，而不是法律上的合法性。之后，秩序自由主义者越来越多地占据政府重要职位并实施他们的经济理念，建立了塑造经济意识形态的物质和制度的基础设施，为新自由主义的第一次政策试验奠定了基础。

不同于民间政治拒绝扩张的战略思维，围绕朝圣山学社的新自由主义者，从一开始就制定了在全世界恢复自由主义的战略目标，并规划了进行长期斗争的行动策略。低调蛰伏四十多年，终于等到了20世纪70年代资本主义国家经济危机的爆发，以及撒切尔夫人和里根总统等右翼保守党派的上台，他们适时提供了可以解决“滞胀”并替代凯恩斯主义的经济方案。80年代以来，新自由主义被奉为经济现代化的卓越模式，发展为主导我们时代的一种意识形态。

（二）新自由主义建构方式的启发

在对新自由主义史前时期的回顾考察中，斯尔尼塞克和威廉姆斯看到了一种避开民间政治的政治行动模式，并成功建构了新自由主义，这为左翼加速主义的反霸权战略提供了经验，其建构方式也启发左翼要建立自己的“朝圣山学社”。

在斯尔尼塞克和威廉姆斯看来，智库是新自由主义巩固意识形态的主要创新之一。[①]智库通过非正式的分工完成研究经济思想、提出公共政策建议、提供政策论据和制定解决方案等任务，使新自由主义思想的影响力蔓延至学术界、政府领域、媒体组织中，消解了凯恩斯主义主导的政治经济常识，为随后在政策制定中引入新自由主义观点铺路。至少从20世纪40年代中期开始，哈耶克就计划建立一个新自由主义思想的智库体系，同时努力让成员在政府任职。安东尼·费舍尔（Anthony Fisher）是英国第一个新自由主义智库——经济事务研究所（IEA）的创始人之一，对新自由主义霸权的成功建构具有重要影响。据他们考察，在英国，IEA伪装为一个专注于一般市场研究的

① Nick Srnicek and Alex Williams, *Inventing the Future: Postcapitalism and a World without Work*, London: Verso, 2015, p.62.

非政治性组织,发表哈耶克的文章和著作,发行关于福利政策、公房出售、私有化、高校独立性等方面的小册子,这些册子关注长期的未来愿景,而不考虑建议在当时的可行性。在整个过程中,IEA及其合作者不仅仅简单回应当时流行的经济问题,而且构建了一个系统连贯的新自由主义经济观点。

几十年来,这些不同的干预措施在社会上形成了广泛的新自由主义世界观。在美国,曼哈顿政策研究所(MIPR)编写大量面向大众读者的新自由主义经济学书籍,其中查尔斯·默里(Charles Murray)的《失去土地》流传甚广,为自由主义福利政策转变奠定了基础,这些措施成功地实现了改变政治阶层和公众常识的目标。此外,智库通过政党和大学教育来传播新自由主义,智库中的很多研究员任职于大学和政府,新自由主义理论在学界、政界获得广泛传播,智利的新自由主义改革就得益于一帮在芝加哥大学受过培训的经济学家。作为一种组织形式,智库对于新自由主义意识形态的成功建构是不可或缺的,以至于创建智库的过程逐渐被制度化了。1981年,费舍尔创立阿特拉斯经济研究基金会(AERF)的明确目标就是实现新自由主义智库建立的制度化,已经帮助创建了连接八十多个国家的四百多个机构。

斯尔尼塞克和威廉姆斯指出,除了智库,新自由主义者还使用了其他方式来建构领导权话语。大众传播媒介在影响社会舆论方面发挥着不可替代的重要作用,朝圣山学社汇聚大量记者绝不是偶然。从1977年开始,新自由主义的核心人物弗里德曼在各大主流报纸专栏上发表经济政策评论,公开演讲并接受电视采访,扩大了芝加哥经济学派的影响力。1980年,由斯凯福基金会拨款投资、弗里德曼夫妇参与制作的旨在解决美国经济滞胀问题的公共电视教育系列片——《自由选择》播出,这种通俗化、大众化的宣传使新自由主义学说在公众中的影响力激增。《金融时报》《泰晤士报》《华尔街日报》等也与此相呼应，利用机会援引新自由主义观点影响公众，使“芝加哥学派”成为新自由主义思想的全球灯塔。到20世纪70年代，新自由主义思想团体已经发展出一个全方位的基础设施来传播新自由主义思想，智库和“乌托邦”宣言构建新自由主义的长期愿景，面向公众的演讲、小册子、书籍和媒体勾画新自由主义常识的总体轮廓，政治家和公共政策建议对现实的经济政治进行战术干预。

20世纪70年代，当通货膨胀和失业率同时上升的问题在西方国家出现后，占主导地位的凯恩斯主义经济政策无法解决，危机形势迫切需要新的替代政策。斯尔尼塞克和威廉姆斯认为，新自由主义不是回应当时经济问题的唯一方案，但新自由主义者在社会各领域长期的思想渗透使其在危机时期处于有利地位，使他们能够很好地利用将其思想转化为权力。“新自由主义最终在意识形态上取得成功的一个重要原因是既有危机又有现成的解决方案，并不是新自由主义者为他们的立场提出了更好的论据；相反，它建立了一个制度基础设施来投射他们的想法并将其确立为政治精英的新常识。”[①] 80年代，英国和美国的新自由主义化改革使新自由主义成为在国家层面调节公共政策的新经济正统的地位得以巩固；90年代，拉美地区、苏联和东欧国家、亚洲一些新工业化国家接受以新自由主义学说为依据的“华盛顿共识”进行经济结构调整，之后，西欧国家的一些中左翼政党相继推出的“第三条道路”表明了社会民主主义向新自由主义方向靠拢。四十多年的努力终使

① Nick Srnicek and Alex Williams, *Inventing the Future: Postcapitalism and a World without Work*, London: Verso, 2015, p.69.

其从一种边缘理论发展为主流意识形态，新自由主义的特殊利益已经普遍化，不仅塑造了精英阶层的思想和信仰，还塑造了日常生活本身的规范结构，成为我们理解世界的常识，不可能变成了不可避免。

在总结经验时，斯尔尼塞克和威廉姆斯表明，右翼在全球范围内构建新自由主义是通过非民间政治的方式实现的，左翼可以从中学习如何推翻新自由主义和建立左翼领导权。首先，要学习他们着眼长期变革的战略目标，分析历史形态中的具体条件，长远政治视野和短期行动策略的结合并耐心作好准备。其次，要学习他们建立全方位的意识形态基础设施，通过学者塑造教育、智库影响政策、媒体引导舆论，将新自由主义思想渗透到每一个经济问题和政治常识中，直至推翻占主导地位的凯恩斯主义意识形态。最后，学习他们对扩展行动空间的思考，通过关键节点建立起全球范围内的传播网络，在智库、政治家、学者、媒体之间具有内在一致性的灵活关系。左翼要建立自己的"朝圣山学社"，不应该是简单复制新自由主义的建构方式，而是从其长远眼光、全球扩张思维、务实的灵活性、反霸权战略中学习，既要创造新的经济模式、社会模式和意识形态，也要建立传播、灌输、投射新观念的制度和物质基础设施，这些策略将组织生态系统和利益多样化的组织联合起来。[①]左翼呼吁建立"朝圣山学社"最终是在呼吁重塑左翼现代性。

① Nick Srnicek and Alex Williams, *Inventing the Future: Postcapitalism and a World without Work*, London: Verso, 2015, p.71.

四、本章小结

作为西方左翼激进思想，探索“另一条道路”是左翼加速主义的思想旨归。斯尔尼塞克和威廉姆斯表示，在明显变化了的社会现实面前，过去的社会变革策略已经不适用，流行的民间政治策略又无法对抗扩张性的全球资本，反霸权战略是最佳选择。

无论是葛兰西争夺文化领导权的新无产阶级革命策略，还是拉克劳与莫菲的激进民主多元的社会主义战略，都在试图回答一个问题：我们如何与一个已经被广泛地认为是社会常识而不是被广泛地认为是压迫的权力进行斗争呢?20 世纪 80 年代末以降，新自由主义不断扩张成为全球主流意识形态，尽管 21 世纪初的全球金融危机暴露了新自由主义体制的弊端和不可持续性，批判浪潮风起云涌，新自由主义秩序似乎陷入危机，但危机和批判并未动摇社会的根基。可以说，左翼加速主义者现在依然面对同样的问题，无产阶级革命在新自由主义逻辑成为整个社会秩序的常识的时代何以可能。在此背景下，他们再次关注到领导权问题，将其作为当今左翼规划未来社会的理论前提，并提出左翼加速主义的反霸权战略，带有很多葛兰西和新葛兰西主义的理论痕迹，是领导权理论在 21 世纪加速主义立场下的再发展。

左翼反霸权战略的实质是推翻现有一系列联盟、常识和同意的统治，建立新领导权。在斯尔尼塞克和威廉姆斯看来，首先，夺取领导权是一种政治建构。他们强调，新自由主义从来不是资本积累的必然结果，而是新自由主义团体的一个政治项目，成功构建了一种意识形态和支撑它的基础设施。作为一种政治斗争策略，领导权的运作方式是以一种争取社会团体或阶层的同意，引导社会大多数认同来实现的，排除了表面看来暴力和强制的手段，可以通过与其他群体形成明确的政治联盟、传播特定的政治文化价值观、整合异质性的群体利益等多种方式实现这种同意。领导权是一种政治建构，它使一个群体能够主要通过同意而不是强制来领导和统治社会，而且可以使相对较小的群体能够领导社会，即使他们的物质利益与大多数人的利益不一致。这意味着领导权不仅是当权者的治理策略，也是边缘人改造社会的策略，使边缘和受压迫群体能够改变社会中的权力构成并带来新的政治常识。

其次，反霸权和民间政治对立，是超越民间政治的行动策略。斯尔尼塞克和威廉姆斯批判左翼政治和社会运动对民间政治思想不加批判地吸收，指出民间政治在时间、空间和概念上的直接性特点，限制了其思想和行动在时间上巩固、在空间上扩展、在概念上普遍化的可能性。这是一种防御性政治策略，民间政治——强调地方性和真实性、临时性和自发性、自主性和特殊性，根本不足以在对抗全球资本方面取得更广泛的胜利，近年来社会运动的总体失败就是最好的证明。我们必须超越这些限制，拒绝在民间政治的各种掩体中寻求临时和局部的胜利，今天左翼的任务是制定大规模和扩张性的政治行动。作为民间政治的对立面，反霸权需要征得社会同意和扩大政治影响，而不是假定自发的政治化；需要动员不同的社会群体，要将不同的个人联系在一起，形成对未来世界的共同期待；需要在从国家政治到经济领域再到意识形态的各种社会子系统中运作，要发挥不同组织系统的作用，限制某些类型的行动并支持其他类型的行动；需要进行长期的经济实验和社会实验以在复杂世界中寻找最佳路径，确定这些不同领域的哪些部分正在发挥变革作用。总之，反霸权战略是广泛的、长期的、适应抽象和复杂世界的，可以从地方扩展到全球，旨在推翻资本主义的政治策略。重要的是，这种超越民间政治的方式在现实中得到了验证——新自由主义的“成功建构”。

最后，领导权虽然通常被理解为与思想、价值观和社会其他非物质方面有关的东西，但实际上领导权也有物质意义。斯尔尼塞克和威廉姆斯说：“领导权，或通过同意进行的统治，既是一种社会力量，也是一种物质力量。它是嵌入人类思想、社会和政治组织、个人技术和构成我们世界的建筑环境中的东西。”[①]我们世界的物质基础设施对社会施加了巨大的霸权力量，强加了一种没有公开胁迫的生活方式，潜移默化地改变和塑造人的思想和行为。例如，美国郊区的城市基础设施的明确意图是突出隔离和个性化，以单户家庭的形式划分私人和公共空间；技术基础设施通常是出于政治和经济的目的开发的，全球即时供应链提升了资本主义经济效率，但也对工会权力造成破坏。领导权的物化力量在它们被创造之后会持续很长时间，物质基础设施一旦到位，即使政治条件怎么变化，也很难拆除或改变。所以反霸权战略除了强调争夺文化领导权，还突出争夺物质技术领导权、占领全球社会基础设施（也就是平台）的重要性。在这方面，葛兰西并未重点阐述，拉克劳与莫菲也未给予重视。社会技术领导权是斯尔尼塞克和威廉姆斯在重新解读马克思“机器论片段”的基础上对领导权理论的新发展。

---

① Nick Srnicek and Alex Williams, *Inventing the Future: Postcapitalism and a World without Work*, London: Verso, 2015, p.135.

第四章 左翼加速主义建构未来社会的战略

左翼既不能停留在现在，也不能回到过去，只能面向未来，阐明和实现更美好的未来是当今左翼的基本任务。为推进更为现代的未来，左翼必须采取必要的步骤来建立一种反霸权，必须在当今资本主义世界的趋势和能力范围内找到建立这种反霸权的资源。

任何有意义的未来愿景都必须基于现实状况和趋势提出目标和建议。反霸权左翼加速主义的目标就是推翻新自由主义建立未来社会，意味着左翼的任务是制定大规模和扩张性的政治行动。在如何走向未来社会或如何实施推翻新自由主义战略的问题上，斯尔尼塞克和威廉姆斯认为，最有希望的前进方式在于重新评估启蒙运动后的现代性话语，并重塑左翼现代性，这决定了从最深奥的政策讨论到最生动的日常情绪状态的一切。左翼只能通过想象更美好的世界来实现，并超越防御性的民间政治。以后工作社会为平台概述了一个可能的项目，它可以让我们自由地创造自己的生活和社区，以实现更大的解放目标。左翼要重建权力和在政治斗争中获得胜利，就需要组织一个广泛的民粹主义左翼，在多条战线上建立全方位的组织生态系统，并尽可能利用关键的革命点。本章将对左翼加速主义设想的实现未来社会的必要步骤进行阐述。

一、恢复乌托邦思想，重塑左翼现代性

左翼与右翼的区别在于对未来的明确拥抱。然而未来在三十多年的新自由主义中已经化为泡影，我们被牢牢困在资本现实主义的范围内，更倾向于相信生态崩溃迫在眉睫、军事冲突不可避免、不平等难以弥合；当代科幻小说以反乌托邦为主，似乎更愿意描绘世界的衰落，而不是更好世界的可能性；乌托邦意见必须用工具性术语和理念进行严格论证，而不是允许其存在于任何计算之外；乌托邦思想在学术界被斥为幼稚和徒劳。正如美国左翼学者拉塞尔·雅各比（Russell Jacoby）所说："对于繁荣发达的世界和贫穷落后的世界来说，乌托邦理想都已是僵死无疑的了。富人觉得乌托邦思想无关紧要，穷人觉得它不切实际——尤其对某些知识分子而言，觉得它危险可怕。对于绝望的人来说，乌托邦观念毫无价值；对于成功者而言，它们缺乏紧要性；对于思想阶层来说，它们会导致残忍的极权主义。"[①]在今天，人类实现乌托邦理想的能力因文明进步和科技发展有了极大提升，但人类在想象乌托邦理想的能力却极大衰退，我们似乎更愿意拘泥于现存的生活模式，满足于

① [美]拉塞尔·雅各比：《不完美的图像——反乌托邦时代的乌托邦思想》，姚建斌等译，新星出版社，2007年，第1页。

一种顺从主义或犬儒主义的幻觉,这是资本主义现代性常识规训的必然结果。左翼的自然栖息地一直是未来,左翼加速主义要推进更为现代的未来,就必须恢复乌托邦思想,恢复政治想象力,质疑以新自由主义者为代表鼓吹的现代性体系,重塑左翼现代性,扩大未来有无限可能的话语空间。

(一)恢复乌托邦思想

“乌托邦”(Utopia)一词是英国空想社会主义思想家托马斯·莫尔(Thomas More)在《乌托邦》(全称为《关于最完善的国家制度和乌托邦新岛的既有益又有趣的金书》)中的发明,象征一个理想和幸福的国家。“乌托邦”在构词上自带双重含义,有否定意义上的寻找不切实际的乌有之乡的空想和徒劳,也有肯定层面的理想、完美之意。斯尔尼塞克和威廉姆斯论域中的乌托邦显然更看重后者,将之看作关于未来的重要观念,作为一种现有世界的批判维度和一种憧憬美好未来的希望。他们批评新自由主义霸权最普遍和最微妙的方面之一就是对人们集体想象的限制,鼓吹新自由主义是“别无选择”,激进的希望空间被资本主义现实主义所占据。然而正是想象力的元素使乌托邦成为任何政治变革的必要条件。如果我们想摆脱现在,就必须先摒弃既定的未来参数,打开新的可能性视野,没有对不同未来的信念,激进的政治思想从一开始就被排除在外。新自由主义者在凯恩斯主义占主导地位的时期也培养了另类自由乌托邦的欲望。自苏东剧变以来,任何相互竞争的左翼乌托邦思想都严重缺乏资源。因此,当今左翼必须从新自由主义的枷锁中释放乌托邦冲动,恢复乌托邦思想,调动对当下的批判性观点并培养新的欲望。

首先，乌托邦思想承认未来是开放的。世界不是一个封闭的、已经完成的既定事实，而是一个指向未来各种可能性的不断生成和不断超越的过程，人类可以在合理的方向上引导历史并对未来树立预期。乌托邦理想和现实有很大差距，且始终走在现实的前面，但我们必须为不可能的东西去奋斗，今天不可能的东西在明天可能变得非常有可能。人类历史上有太多曾经是乌托邦的事情在后来却成为现实，比如自由民主制度在封建时代是乌托邦想象，在资本主义阶段则成为政治建制的重要前提；废除农奴制一度被视作天方夜谭，但随着文明进步而实现；曾经的星际航行和太空梦想在今天已不再是梦想。正是那些曾经被怀疑、被嘲讽的幻想造就了未来世界的丰富可能性，它可能在短时期内不会变现，甚至在当时听起来是荒诞的，但至少打破了习惯和既定秩序的同意，给人们提供了更广阔、更多元的未来形象。乌托邦思想本身具有张力，从来都不是呈现一个完美未来的静态形象，它代表着一种尚不存在但在未来有可能存在的期望。随着苏联提出的有缺陷但重要的全球替代方案从人们的记忆中消失，"另一个世界"的形象变得越来越重要，扩大了"奥弗顿之窗"，并尝试在不同条件下实现可能的想法。

其次，乌托邦的核心就是对经验现实中不合理、反理性的东西进行批判。未来形象在一定程度上影射了现存世界并尝试作出改变，"它暂停了当前不可避免的表象，并揭示了世界上原本会被忽视的方面，提出了必须从构成上排除的问题"[①]。比如，美国的科幻小说常常围绕种族、性别和阶层问题而写，早期苏联的乌托邦则想象一个克服了快速城市化和种族冲突所带来

① Nick Srnicek and Alex Williams, *Inventing the Future: Postcapitalism and a World without Work*, London: Verso, 2015, p.139.

的问题的世界。这些未来世界的想象不仅模拟解决方案，而且阐明问题，其中隐含着一种乌托邦冲动，因为使之成为可能的条件是对世界的既定事实的质疑和对现有资源进行根本的重新配置。乌托邦想象突破了空间和时间的束缚，形成了一个尚不可能但必要的未来愿景，并提供了一种可供选择的方案。

最后，在肯定未来的过程中，乌托邦具有情感调节的作用，即在意识和潜意识层面控制和调整我们的欲望和感受。它告诉我们想要什么及怎么要，有一种把力比多从理性界限中释放出来的冲动，有意识或无意识地影响着我们的情绪、情感。它给了我们一些目标——超越资本主义永恒存在所提供的陈旧重复，在怀疑现在并提供更美好未来形象时，现在和未来之间的空间变成了希望的空间和更多的渴望。通过产生和引导这些影响，乌托邦思想和精神可以成为行动的动力和变革的催化剂。它破坏了习惯和对现有秩序的同意，对未来的想象通过沟通和传播机制产生广泛影响，动员人们为更美好的未来而行动，转化为变革现实世界、走向外部世界的力量。

在斯尔尼塞克和威廉姆斯看来，左翼要建设新未来，要对抗新自由主义，乌托邦思想是必不可少的。在新自由主义的时代，日常生活的压力和需求在很大程度上削弱了我们对更美好世界的想象和追求，但乌托邦是内在于人类自身和社会生活的明显普遍和不可抑制的一种文化精神，无论如何都不会完全消失，即使在最压抑的条件下也会涌现，它体现在流行文化、高雅文化、时尚、城市规划，甚至日常的白日梦中，可以在人类的各种感受和影响中发挥作用。例如，对太空探索的普遍渴望表明了一种超越利润动机的好奇心，非洲未来主义趋势不仅提供了一个更美好未来的高度程式化形象，而且将其与现有压迫的激进批判和对过去斗争的纪念联系在一起，对后工作社会的想象指向超越雇佣劳动制。文化运动和美学生产在重新点燃对乌托邦的渴望和激发对“另一个世界”的憧憬方面发挥着重要作用。

（二）重塑左翼现代性

现代性是社会进步的标识，但现在的现代性是一个资产阶级构建的意识形态，不是必然的结果。新自由主义通过各种机制将人们的现代性认识严格限制在既定参数框架内，现代性话语的盛行也表明左翼政治对超越社会现实的无能为力和缺乏效力。左翼加速主义政治要走出时代困境，就要大胆怀疑现代性的教条观念，超越资本主义对现代性话语体系的有限设定，重塑左翼现代性。

任何关于进步的替代形象的阐述都不可避免地面对普遍主义的问题。左翼建构更美好社会的关键，就是质疑既定普遍主义，揭露其虚伪性和霸权性，颠覆既定普遍主义以支持新的政治秩序。斯尔尼塞克和威廉姆斯认为，普遍主义是一个开放的概念，是“缺席的空占位符”，有着消除限制自身因素的冲动且从不满足于任何特定的存在，具有颠覆和解放的战略功能。普遍主义的内部张力——要求统治统摄一切，却从来不存在一种可以完全实现的普遍主义——使任何已建立的霸权结构遭受质疑，反而使普遍主义成为反对排斥的载体。比如，普遍人权是普遍意义上的人所拥有的权利，每个人适用人权的范围和内容基本一致，保障那些被排除在外的人的权利；而女权主义者认为某些理念或政策是对女性的歧视与排斥，主张“所有人平等”，原本为消除排斥的普遍人权反而又被女权主义指责为排斥女性，已建立的普遍性又变成了特殊性批评的对象,并充当新的普遍性形成的跳板。真正的普遍主义是对普遍性和特殊性斗争始终持开放态度。当然,普遍主义也不意味着将不同事物转化为同一事物,真正的普遍主义是整合差异而不是消除差异。与以欧洲为中心的普遍主义不同,左翼加速主义政治要建立的普遍主义是开放包容的,尊重不同国家和地区在历史背景、经济状况、政府治理、社会秩序、文化习俗等方面的差异,承认不同国家和地区在全球性未来创建中的必要性。对于既定的普遍主义,它可以作为一种颠覆性和解放性的载体。

自由是左翼现代性的重要价值。左翼加速主义者批判消极自由掩盖了真正自由,提出未来社会的合成自由——"它是构建的而不是自然的,是一种集体的历史成就,而不是简单地让人们存在的结果"①。这种合成自由的构建至少需要三个要素:

第一,提供保障有意义的生活的基本资源。资产阶级对公共产品和服务的私有化趋势和着力渲染的经济自由是对自由的最大破坏,不断扩大的贫富差距被揭示为同样巨大的自由差距。他们强调,时间和金钱在任何实质意义上都是自由的关键部分,基本必需品的供给维持了基本生存,增加了闲暇时间,为个人的全面发展提供了可能,从而使人们可以根据自己的需求自由地选择生活方式。

第二,扩大行动能力。自由不能简单等同于使现有的选项可行,而是必须向尽可能多的选项开放。自由和权力是交织在一起的,如果权力是在某人或某事中产生预期效果的基本能力,那么我们实现愿望的能力的增加同时

---

① Nick Srnicek and Alex Williams, *Inventing the Future: Postcapitalism and a World without Work*, London: Verso, 2015, p.83.

也是我们自由的增加。我们行动的能力越强，代表我们就越自由。在这方面，集体资源是必不可少的。知识的发展、深化和扩展可以使我们获得与想象或其他方式无法实现的能力。当我们获得关于建筑环境的技术知识和自然世界的科学知识，并开始了解世界的发展趋势时，我们的行动能力也随之扩大。正是对社会发展规律的认识，才引起了改变人类生存方式的努力。渗透在政治右翼并越来越影响左翼的反智主义和在实践中直接的、不受约束的自由幻想都是对自由承诺的背叛，将中介、制度和抽象视为与自由相对的唯意志主义形象也是错误的。集体行动的扩展往往是通过复杂的分工、参与的中介和抽象的制度结构来实施的，所以合成自由是对集体、复杂和调解的自我决定的呼吁。

第三，加速技术能力发展。我们的自由程度在很大程度上取决于科技领域的进步和技术能力的发展，又在此过程中创造新的能力。自动化、AI人工智能、赛博技术（即机械化有机体）、人工生命、合成生物学、人类辅助生殖技术等，既可扩大我们的行动能力，还能激发新的思维、审美、创造能力甚至全新的人类生存方式，新的生存需求反过来又要求加速技术发展和拒绝接受任何不可能的预设。合成自由就是要利用先进的科学技术来发展人类力量，让科学技术的能力不再局限于资本积累的循环和平庸的边缘创新，而是加速人类自身和社会的真正进步。

左翼现代性是一个提供更美好未来的诱人愿景，它具有真正普遍主义的视野和实质性的自由观念，并利用最先进的科学技术实现解放目标。它不是欧洲中心主义的未来观，而是倾听全球的声音，在实践中阐明和交流共同的和多元化的未来可能是什么。

(三)发挥教育的塑造作用

现代性的塑造是一个漫长的理性化过程,教育在其中的塑造作用非常重要。斯尔尼塞克和威廉姆斯指出:“乌托邦试图改变新自由主义的文化领导权,而教育则是改变知识领导权的重要手段。”[①]教育机构承载着传输知识、灌输特定社会价值观、进行意识形态代际传递的重要职能,转变知识分子教育体系是左翼重塑现代性常识和推进反霸权战略的关键任务。为此,斯尔尼塞克和威廉姆斯提出三个目标:

首先,经济学教学多元化。他们指出,在新自由主义意识形态的灌输下,我们似乎忘记了经济学曾经是一门相对多元化的学科。[②]两次世界大战期间,经济学研究曾出现“战间多元化”现象,各种形式主义和非形式主义方法良性竞争,不同经济学理论相互交锋,这种多元化随着 20 世纪 70 年代后新自由主义在学术领域的垄断而结束。虽然新自由主义经济学是一个派别众多、理论丰富的大集合,但它仍然从根本上限制了真正的经济学知识的发展和传播。如果要改变发展经济的广泛文化和学术观念,那么至少要使经济学教学多元化。世界各地都在努力将另类经济学引入大学,学生和专业团体正围绕多元化复兴动员起来。近年来,越来越多的大学发生反对主流经济学,要求经济学多元化的抗议,出现诸如美国的学生学术自由(SAF)、英国的危机后经济学研究会(PCES)等团体组织,他们批评大学将一种特定经济学范

① Nick Srnicek and Alex Williams, *Inventing the Future: Postcapitalism and a World without Work*, London: Verso, 2015, p.141.

② Nick Srnicek and Alex Williams, *Inventing the Future: Postcapitalism and a World without Work*, London: Verso, 2015, p.142.

式的垄断视为理所当然，新自由主义经济学被提升为学习的唯一对象，其他经济学理论流派的替代性观点被人为边缘化，呼吁经济学教学体系的多元化；要求改革经济学课程，提供经济学的广博知识和多样化的分析方法，归还学生评价不同经济学理论解释经济现象优劣的自主权，以培养有能力解决现实经济问题的经济学家。在这里，斯尔尼塞克和威廉姆斯指出，实现经济学教学多元化目标的关键是制订研究计划和改革经济学教科书。新自由主义经济学垄断的标志之一就是进入高等教育制度体系，为研究人员提供花时间测试论证的理论、教科书和博士来解决自身学术理论代际传承问题，以及清晰和可传播的原则。

如今，新自由主义经济学教科书已经成为该领域占主导地位甚至唯一的教学资源，教育者即使有打破主流经济学一元化的教学状况之心，也无奈于匮乏其他教学资源。正在改变的迹象包括欧洲经济思想史学会会长大卫·科兰德（David. C. Colander）的《新古典已经死亡》（2000 年），它被认为是第二次经济学多元化时代的宣言。金融危机爆发后，新自由主义经济学的危机预测和应对表现促使有关的经济学家、出版商、媒体、学生和从业者离开标准经济学阵营，转向非正统经济学研究范式，为经济学教科书向真实世界、多元化、批判性、前沿性、非过简化的经济学转变提供了机会，一些非主流经济学教科书被传统出版商发行。为了拓宽主流经济学狭隘的视野，这方面还需要做更多的工作。

其次，复兴左翼经济学研究。以美国房地产次贷市场崩盘为标志的金融危机爆发后，左翼人士集中批判新自由主义经济理论和政策失灵，却提不出有意义且令人满意的经济替代方案，顶多号召回到凯恩斯主义。可以看出，左翼在解释危机和应对危机方面缺乏经济分析,“这是左翼政治想象力贫乏的危机,也是政治认知极限的危机”[1]。斯尔尼塞克和威廉姆斯指出,为了复兴左翼经济学,一方面,左翼必须重建既存经济体系的认知图式,仔细思考一系列新出现的当代经济现象,比如经济长期停滞不前的原因和后果、快速自动化和后稀缺经济引发的转变、实现经济全自动化和全民基本收入所带来的变化、实现制造全自动化和社会服务集中化的可能途径、量化宽松政策替代方案的可行性、生产资料脱碳的有效方式,以及“暗池交易”对金融不稳定的影响等。

另一方面,左翼必须发展未来经济体系的思辨形象,以长远眼光耐心制定未来目标,重新研究后资本主义经济体系在实践中的可能图景。随着增材制造技术(3D 打印)、无人驾驶汽车和 AI 人工智能等新兴科学技术在经济领域的应用,左翼要做好关于另一种经济体系的研究工作,这些理论研究可能涉及利润率下降趋势的社会影响、劳动价值在数字经济时代的衡量标准、比特币等非国家化的加密货币在经济运行中的作用、社会主义计算能否代替市场机制、后资本主义中的生态环境问题等。他们强调,未来社会的建构不仅是一项政治任务,也是一项技术任务,左翼必须克服对数学建模和经济实验的普遍厌恶,充分利用现存社会建立起来的最先进的理论工具和实验数据。[2]左翼对定量方法的使用,并不意味着简单采用新自由主义的数理模型或盲目遵循数字指示,而是强调经济模型所带来的严谨表达和精确计算

① Nick Srnicek and Alex Williams, *Inventing the Future: Postcapitalism and a World without Work*, London: Verso, 2015, p.143.

② Nick Srnicek and Alex Williams, *Inventing the Future: Postcapitalism and a World without Work*, London: Verso, 2015, p.143.

对于理解当前和未来经济现象的复杂性、抽象性至关重要，像英国新经济基金会（NEF）所创建的经济模型可以为左翼加速主义政治实现目标提供可参鉴的信息和资源，并有助于提高大众的经济素养。

最后，提高大众经济素养。左翼经济学的复兴在未来可能主要集中于学术界，但其目标应该是使左翼经济学教育传播到超出大学范围，把对经济趋势的复杂分析与日常生活的直观见解联系起来，向非专业的大众传播和普及左翼经济学，提高大众经济素养。[①]工会可以调动内部资源，有组织、有计划地开展教育培训活动，向工会成员传授基本的经济学知识，说明经济学的演变过程，分析当前经济变化的本质，启发成员将对工作场所和社区生活中的微观问题的思考与宏观的经济背景趋势相联系。通过培训积极分子，以点带面，动员更多工人参与集体学习。现代网络数字技术的发展创新为教育普及提供了便利，如共享开放式学校、大型开放式网络课程、开源教材及其他免费的在线资源等，使普通大众可以享受近乎零边际成本的教育，无需支付高昂的学费和出版费用就可以实现远程在线学习。

在这方面，当代左翼可以从历史悠久的英国工人阶级教育中借鉴经验。比如，工人教育协会为当地社区提供低成本的成人教育；著名的格拉斯哥技工讲习所迎合当时工人对技术教育的需求，讲授生产领域的技术原理和机械操作方法；夜校灵活安排课程内容和上课时间，既有理论知识的传授，又注重学员的实践操作。这些机构为穷苦的工人阶级提供了接受教育的机会，提供了将抽象的经济理论与工人、活动家和社区成员的自我知识和经验联

① Nick Srnicek and Alex Williams, *Inventing the Future: Postcapitalism and a World without Work*, London: Verso, 2015, p.144.

系起来的、可操作的方法，也造就了一批不受资产阶级正统思想支配的、具有阶级意识的劳动工人。经济学教学多元化、复兴左翼经济研究、提高大众经济素养在改变新自由主义知识霸权方面发挥重要作用，而且有助于激发人们关于未来世界的乌托邦想象，并提供必要的导航工具来制定社会替代方案。

《宣言》指出，新自由主义已经失败，社会民主主义是不可能的，只有另类的愿景才能带来普遍的繁荣和解放。左翼现代性是一个提供更美好未来的诱人愿景，它具有真正普遍主义的视野和实质性的自由观念，并利用最先进的科学技术实现解放目标。它不是欧洲中心主义的未来观，而是倾听全球声音，在实践中阐明和交流共同和多元化的未来可能是什么。然而要真正实现这个另类的未来愿景，首先需要超越当前以雇佣劳动制和资本积累为前提的全球秩序，建立一个面向后工作社会的平台。

二、加速技术发展进程，实现经济全自动化

危机是革命的最好时机，但斯尔尼塞克和威廉姆斯清醒地认识到："虽然 2008 年危机的影响继续在世界范围内回荡，但现在利用危机的时机已晚；我们可以看到资本已经恢复并以更创新、更锐化的方式巩固自身。"[①]然而最新发展趋势预示着工作危机的到来，工作危机有可能动摇雇佣劳动制社会赖以存在的根基，为实现未来社会创造条件。左翼必须为即将到来的工

① Nick Srnicek and Alex Williams, *Inventing the Future: Postcapitalism and a World without Work*, London: Verso, 2015, p.88.

作危机和不断增加的过剩人口带来的问题作好全方位的应对准备,适时提供替代性方案。他们认为,21世纪左翼的政治规划必须是建立一种不再依赖雇佣劳动生存的经济,围绕后工作社会共识进行动员。后工作社会着眼于当前任务,并提供了一个寻求实现更大目标和进一步解放成果的平台,可以完成从社会民主主义到新自由主义再到新的左翼反霸权的转变,它在左翼反霸权战略中占据中心位置,是实现未来新社会的过渡和中介。为此,斯尔尼塞克和威廉姆斯为后工作社会的实现提出以下广泛需求:加速技术发展进程,实现经济全自动化;缩短工作周,实行全民基本收入,转变工作伦理。接下来的两节就是对后工作社会需求的具体阐述。

(一)加速技术发展

劳动是人类生存与发展的基础,也是人类社会发展的逻辑起点,劳动形态的变迁历史就是人类社会的演进历史。在这一过程中,起决定性作用的是生产工具的新旧更替,而生产工具更替的关键在于技术的不断进步和革新。任何希望保持影响力和持续性的变革项目都必须分析技术世界的发展潜力,将我们的集体想象力扩展到资本社会制度所允许的范围之外,为超越现存作好准备。

在今天,科学技术观念快速变革,机器形态快速变化,技术及其基础设施的发展潜力有望实现更好的经济体系和政治体制。然而斯尔尼塞克和威廉姆斯则批判,新自由主义资本主义是一个阻碍进步的体系,资本增殖目标奴役着科学技术,技术创新受限于狭隘的资本主义想象,技术生产力被一套陈旧过时的社会关系约束,完全牺牲了人类社会真正的进步。左翼加速主义实现后工作社会的动力就是加速技术发展进程，左翼政治的未来就是最大程度地主动拥抱加速主义趋势。显然，在对待技术的问题上，左翼加速主义者选择了与多数左翼知识分子相反的理论方向和斗争策略。斯尔尼塞克和威廉姆斯表示，将技术进步和机器革新作为批判的对象，将技术加速等同于资本主义，对资本主义的抵抗似乎变成了对技术加速的反对，这种错误的观点在科学技术突飞猛进的现代社会中必然陷入绝望，那些幻想以摧毁机器、试图阻止和扭转技术发展趋势来拯救人类社会的行动在科学技术现代化潮流面前终究是螳臂当车。只有顺应加速主义趋势，加速技术发展进程，释放技术所固有的潜力，让技术加速带来的能量从内部冲破资本体系界限，才能走出当前的停滞状态，创造新的未来可能性。

通过对“机器论片段”的重新解读，斯尔尼塞克和威廉姆斯认为，马克思是加速主义思想家，其目标是通过加速超越资本价值形式的限制，并指出技术生产力蕴含着冲破资本自身界限和瓦解资本社会制度体系的革命潜能。所以左翼政治不是反对技术加速，而是反对不合理的社会生产关系和资本逻辑对技术的选择性加速，左翼不仅要加速技术进步，还要重塑技术发展方向。此外，他们二人还批评，民间政治的左翼偏爱小规模临时空间，而加速主义政治的左翼试图与抽象性、全球性、技术的现代性和平共处，保留资本主义社会的一切科学技术成就，并在更先进的价值体系和治理框架下尽可能地利用它们，诸如量化研究、大数据分析、经济模型等都可以作为左翼理解复杂社会体系的认知中介。

(二)实现经济全自动化

左翼加速主义实现后工作社会的第一个需求就是实现经济全自动化,这也是加速技术发展进程的必然结果。21世纪,技术呈指数级增长,现代社会的科学技术具有创造更好经济体系和政治体制的潜力,实现更美好未来的愿景在物质上比历史上任何时期都更容易实现。斯尔尼塞克和威廉姆斯指出,自动化是一次革命性的技术进步,最新的自动化浪潮是左翼实现未来社会战略的关键纽带,这种机器与"一般智力"的深度融合不仅影响劳动的实践方式,而且形塑人与人之间的社会关系。

事实上,技术变革的历史同时也是技术替代劳动力的历史,技术的每一次革命性进步都会冲击劳动力市场,带来特定生产领域劳动力数量的减少,机器替代人工的趋势是不可逆转的。19世纪,工业革命推动了生产技术的变革和机械化大生产的普及。运用机器生产的大工厂出现,传统上由劳动者完成的生产逐渐被机器取代,统一的生产过程被拆分为若干具体任务。机器通过作用于自身的力学规律和化学规律化身"能工巧匠",从原料到制成品的各个生产环节顺次通过一系列各不相同而又互为补充的工作机协作配合完成。机器取代了人类劳动,劳动者从支配整个生产过程的主体变为在各生产环节看管机器运转的中介。机器的应用降低了技能与工作的黏性,工作变得越来越重复化、标准化、去技能化,即使妇女和儿童也能完成工作任务,且他们的雇佣成本远低于男性成年工人,更受到劳动力市场的青睐。19世纪末20世纪初,技术升级和工业化的迅速发展提高了社会生产力,催生了一系列新的现代制造业。以联合生产和管理为特点的现代工商企业取代了传统的个人或合伙企业,新产业的发展和现代企业管理促进了经理、工程师、维修工、后勤工人等新兴职业的出现,创造了大量就业机会,但要求劳动者具有一定的文化教育水平和专业技能素质。20 世纪下半叶,更先进的科学技术开始应用于生产。机器体系升级得更加自动化、智能化,开启了新一轮机器对人工的替代,劳动密集型的制造业更容易受到技术升级和机器革新的影响。随着越来越多国家的去工业化趋势,以及自动化机器在制造业中的广泛应用,增加就业机会在制造业的可能性越来越小。美国从 1979 年起有 700 多万个制造业岗位消失。现在的就业增长主要分布在服务业,但斯尔尼塞克和威廉姆斯指出,现在服务机器人正在加速发展,在过去 15 年中已售出超过 15 万台专业服务机器人。

随着计算机技术和自动化机器的进步,那些可编码和程序化、重复性强、低技能的常规性工作具有被替代的高风险。一旦程序员开发出适当的算法程序,计算机就可以高效、准确地完成常规性任务,比如电话接线员、出纳、文秘助理、数据整理等工作很容易被自动化办公技术取代。过去 40 多年中对需要常规体力劳动及需要常规手工和认知技能的劳动者需求不断减少,造成劳动力市场的两极分化现象,即对需要非常规认知技能的高薪技术工作和需要非常规手工技能的最低技术的低薪工作工人的需求比例上升,而对那些通常需要常规体力劳动和认知技能的中等技能工作的工人需求下降。

大规模的自动化趋势在生产、分配、管理、零售中都有显现,几乎席卷了经济的各个行业部门。在斯尔尼塞克和威廉姆斯看来,这一最新的自动化浪潮基于深度学习的算法改进、机器人技术的快速发展和计算能力的指数级增长，这些都正在形成“第二次机器革命时代”[①]，新的技术变革正在使常规性和非常规性工作都变得自动化，不断压缩着人类的劳动形式，“据对劳动力市场最详细的估计，目前有 47% 至 80% 的工作能够实现自动化”[②]。麦肯锡全球研究院称，到 2030 年，全球将有 4 亿至 8 亿个工作岗位被机器人取代。[③]上一波自动化浪潮导致劳动力市场的两极分化，但经济全自动化对劳动力市场的影响不再是“创造性破坏”，而是“破坏性破坏”，将彻底改变劳动力市场的分布。劳动者不再是生产中的唯一且最高的权威，机器也不再仅仅是让人摆脱体力劳动，而是取代某些非常规劳动力，这有望摧毁劳动力市场中低技能、低薪酬的一极，从而减少必要劳动力的需求，彻底改变人类社会在生产领域形成的不平衡的劳资关系结构，对整个社会产生革命性影响。

（三）实现经济全自动化的限制

左翼加速主义希望实现经济全自动化，因为这意味着社会生产效率的提高，为社会提供越来越多的产品和服务，意味着自动化机器可以代替人类从事那些繁重枯燥的工作，带来减少工作和增加自由劳动的新希望和美好愿景，充裕的物质财富和较多的自由时间是人类获得解放的重要条件。但是斯尔尼塞克和威廉姆斯清楚地意识到，由于技术、经济、道德上的限制，自动化技术不可能在整个经济领域中得到平均利用，人类劳动在某些领域还会

① ［美］埃里克·布莱恩约弗森、安德鲁·麦卡菲：《第二次机器革命——数字化技术将如何改变我们的经济和社会》，蒋永军译，中信出版社，2019 年，第 3 页。

② Nick Srnicek and Alex Williams, *Inventing the Future: Postcapitalism and a World without Work*, London: Verso, 2015, p.10.

③ Mckinsey Global Institute, Jobs lost, jobs gained: Work force transitions in a time of automation, https://www.mckinsey.com, 2017-12-6.

继续存在。因此，他们强调，经济全自动化在很大程度上是规范性主张，而不是描述性主张，经济全自动化是一种乌托邦式的需求，旨在尽可能减少必要劳动力，而不是完全替代劳动力。

斯尔尼塞克和威廉姆斯表示，在技术方面，自动化所涉及的技术难题在接下来的二十年里似乎无法克服，成为自动化在整个经济领域普遍扩散的最大障碍。计算机控制的自动化机器已经广泛应用于农业、交通运输、物流仓储、建筑业、制造业、服务业等行业部门，自动化、机器学习、人工智能已经在许多任务项目中代替了人类的体力劳动和脑力劳动。但是机器自动化、智能化的应用主要集中在特定行业和专门任务上，比如可以编码和程序化、重复性强、低技能的常规性工作或非常规性工作，机器在涉及那些工作内容抽象复杂，要求具备创新想象能力、决策判断能力、灵活解决问题能力及带有情感色彩的非常规性工作方面还是无法胜过人类，再比如研发和创意、数据分析、机器维修、风险投资、商业管理、艺术娱乐、公共事业等工作任务。这些指向比拟人类认知水平的强人工智能还只存在于科幻小说中，需要投入更多的物力、人力进行长期研发。

在经济方面，企业对生产成本的考量影响了自动化机器在整个经济中被使用的规模和程度。在这里，采用自动化机器的成本大致包括研发和制造成本、相关设施升级和建设成本、维护和维修成本、操作和管理成本，直接雇佣劳动力的成本大概涉及工资成本、管理成本、社保基金和税费代缴成本。营利是企业的目的所在，尽管自动化机器可以胜任生产环节的某些任务，但如果自动化机器的综合成本超过劳动力的雇佣成本，那么企业就会继续选择成本更低的劳动者。此外，由于不同的产业专业化在适应新技术能力上的区别，并且应用自动化机器产生的生产力效益存在延迟，需要相当长的时间才能变现并可衡量，一些企业会选择性地吸收自动化技术并扩大规模，但可能不愿意将资金用于长期的更复杂的技术研发、人才培训，也不愿意彻底变革现有的组织和程序。所以斯尔尼塞克和威廉姆斯一再强调，经济全自动化不是来自经济需要，而是一种政治和社会需求，需要政策体系——如加大国家技术投资、提高最低工资标准、支持劳工运动等来激励企业追求替代人类劳动的自动化形式，而不是致力于扩大就业。

在道德方面，社会中某些工作被赋予道德价值，比如生育、抚养、照护等被认为必须由人类完成而不是机器。这种道德性劳动在私人劳动领域表现尤甚，家务劳动的无偿性质和无规范形式使得资本很少有动力投资减少家务劳动的技术研发，而对于女性应该操持家务、生儿育女的传统道德说教，进一步掩盖了女性被剥削的事实，所以家庭一直是技术变革的盲区。然而斯尔尼塞克和威廉姆斯指出，随着现代科学技术的加速发展，护理机器人在处理令人尴尬的护理工作方面更加智能化、人性化，洗衣、做饭、清洁等越来越多的家务劳动，可以交给自动化、智能化的机器装备完成，人工生命、合成生物学、人类辅助生殖技术带来的体外发育变革，有望实现新的更高程度的男女平等。[①]这些新技术的应用必然影响劳动力在私人劳动领域的分配，影响家庭组织形式，影响女性的生活方式。他们并未评判以上技术路径，只是将其作为实现未来的可能步骤。

---

① Nick Srnicek and Alex Williams, *Inventing the Future: Postcapitalism and a World without Work*, London: Verso, 2015, pp.114–115.

三、缩短工作周,实行全民基本收入

马克思将更富裕的空闲时间看作迈向“自由王国”的基本前提,曾指出八小时工作制是工人阶级解放的必要条件,是谋求社会进步和改善社会现实的基本条件。如今,左翼加速主义者认为,在不降薪的条件下缩短工作周是 21 世纪的当务之急,是实现后工作社会的第二个需求,而实行全民基本收入是保障因经济自动化和工作周缩短所释放的大量闲暇和自由时间有意义的前提条件,是实现后工作社会的第三个需求。

(一)缩短工作周

减少工作时长一直是早期工人运动的目标,团结起来的工人阶级通过组织社团、游行示威、怠工罢工、武装起义等方式与固定工作时间进行了不屈不挠的斗争,赢得了周末休息权、八小时工作制,一周工时从 1900 年的 60 小时减少到大萧条时期的 35 小时。一战后,人们相信资本主义会朝着减少工时的方向前进,每周工作 30 小时在美国得到两党的支持:保罗·拉法格(Paul Lafargue)提出每天工作时长限制在 3 小时之内,凯恩斯在 1930 年预言人们在百年之后每周只需要工作 15 小时,科学和复利将给人们带来丰裕的闲暇时间。[①]然而技术进步和经济发展并未满足人们对更短工时的乐观期待,大部分西方国家在二战后每周工作时间稳定在 40 小时。事实上,整个社会的工作时间在普遍增加而不是减少,美国全职员工平均每周工作近 47 小

① [英]凯恩斯:《我们后代在经济上的可能前景》,https://www.sohu.com/a/153141598_460385,2017-6-4.

时，一些家政服务员更是24小时轮班。国际劳工组织2019年报告指出，约36%的全球劳动者每周工作时长超过48小时。[①]而且工作与生活的界限越来越模糊，很多人在非工作时间也频频受到工作的困扰，睡眠和休闲时间被工作挤占。工作无处不在、无法躲避，加班已是职场常态，过劳已是全球性问题。最重要的是，大量工作是无酬劳动，技术进步和自动化发展使得个人自助完成的事务增多，"影子工作"(Shadow Work)正在大量出现，零售店选购、网上购物、物品整理和维护、做家务等存在的影子工作时间正在越来越多地占用剩余的自由时间。由此可见，近一个世纪以来，这种缩短工作周的美好愿景消失了，改变工作时制的努力似乎结束了。

《宣言》明确提出："我们所有人都不想多工作。"[②]斯尔尼塞克和威廉姆斯建议，在已经存在的长假周末的基础上实行每周四天工作制。[③]他们指出，缩短工作周除了可以增加自由和闲暇时间这一显性优势外，还在其他方面发挥积极作用。比如，缩短工作周是对自动化程度提高的关键反应，自动化发展的主要时期恰逢工作时长显著减少；缩短工作周是应对气候变化的重要举措，带来能源消耗和整体碳足迹的减少；更少的工作和更多的闲暇将普遍减少人们的压力、焦虑和心理健康问题。更重要的是，缩短工作周是政治斗争的一种临时性策略，减少工作时间是对资本家施加压力的一种手段，通

① 新华网：《全球约三分之一劳动人口工作时间过长》，[2022-04-01]，http://www.xinhuanet.com/world/2019-04/19/c_1124389103.htm，2019-4-19.

② Alex Williams, Nick Srnicek, Accelerate: Manifesto for an accelerationist politics, in Robin Mackey and Armen Avanessia(eds.), *Accelerate: Accelerationist Reader*. Falmouth, U.K.: Urbanomic, 2014, p.354.

③ Nick Srnicek and Alex Williams, *Inventing the Future: Postcapitalism and a World without Work*, London: Verso, 2015, p.117.

过从劳动市场中撤出劳动时间,减少劳动力的总供给,可以提升劳动者的议价能力,增加劳动者的权力,有利于巩固和产生抵抗资本主义的阶级力量。

在如何实现每周四天工作制目标方面,斯尔尼塞克和威廉姆斯提议借助工会、社会运动、政党的多元力量来达成目标。首先,工会必须重新找回早期工人运动掌控自己工作时间的传统和斗志,为改变固定工时制定长远斗争策略。工会要主动顺应自动化浪潮下机器替代人工的大趋势,打破当前新自由主义经济增加工人需求的固有逻辑,通过集体谈判提高各生产部门的自动化机器应用率,让自动化机器承担更多工作任务,以换取工人更短的工作周。其次,工会要承认并联合那些从事非正式劳动、无偿家务劳动的群体,凝聚有共同利益需求的多元力量,寻求利益最大公约数,引发全社会对缩短工作周的广泛关注。此外,意识形态机构和社会运动必须发挥其塑造可能性的引领动员作用,通过各类智库理论和实证研究的影响力,以及社会运动的动员力,掀起工作制改革的舆论风暴,迫使政党进行缩短工作周的立法改革。

实际上,每周四天工作制在当今社会中的公众支持率很高,也已经引起了一些国家政府和企业的兴趣。例如,比利时、荷兰等国家赋予工人减少工作时间的权利且不会受到雇主的歧视,2015—2019 年,冰岛企业的 2500 名员工试行每周四天工作制[①];2019 年,微软日本公司进行每周四天工作制试验[②];2021 年,苏格兰民族党(SNP)承诺提供 1000 万英镑支持缩短工作周计

① 中国日报网:《工作压力减小、健康状况得到改善,冰岛试行四天工作制“大获成功”》,https://baijiahao.baidu.com/s?id=1704580061910293001&wfr=spider&for=pc,2021-7-7。

② 中国日报网:《微软在日本试行 4 天工作制 结果工作效率暴增 40%》,https://baijiahao.baidu.com/s?id=1649411954465731972&wfr=spider&for=pc,2019-11-6。

划的企业[①];西班牙政府接受左翼政党 MásPaís 的提议在全国开展为期三年的每周工作 4 天共 32 小时工作制试点项目[②];2022 年 6 月,英国开始全球最大规模的每周四天工作制试验,61 家企业的 2900 名员工参与为期半年的试验,92% 的企业决定继续实行,18 家企业打算制度化[③]。试行反馈表明,每周四天工作制使工作效率更高、身心更加健康、生活工作满意度更高。

(二)实行全民基本收入

经济全自动化和缩短工作周将在提高社会生产力的同时释放大量闲暇和自由时间,但如果人们还继续努力维持生计甚至入不敷出,那么大量闲暇就意味着普遍贫穷和无所事事。基本生存需要的满足是有意义的闲暇和自由的基本保证,因此斯尔尼塞克和威廉姆斯建议实行全民基本收入(UBI),无条件地给所有公民提供维持生存的基本收入,让人们有保障地享受闲暇和自由时间。

实行全民基本收入并非新构想。早在 500 多年前,空想社会主义者托马斯·莫尔就有过这样的美好设想。在冷战时期,基本收入构想是美国福利改革的核心,如约翰逊时期的"基本收入支持计划",尼克松总统的"家庭援助计划"法案。1986 年,比利时政治经济学家菲利普·范·派瑞斯(Philippe Van Parijs)成立了"基本收入欧洲网络"(Basic Income European Network),2004

① 人民资讯:《一周只上四天班!苏格兰效仿冰岛试行减少工作天数,员工薪酬不变》,https://baijiahao.baidu.com/s?id=1710134686164368445&wfr=spider&for=pc,2021-9-6。

② 新民晚报:《员工高兴老板乐意 4 天工作制到底行不行?》,https://baijiahao.baidu.com/s?id=1695551124330758340&wfr=spider&for=pc,2023-3-29。

③ 光明网:《全球最大规模四天工作制试验结果出炉,令人惊讶!》,https://m.gmw.cn/baijia/2023-02/21/1303290649.html,2023-2-21。

年,更名为“基本收入全球网络”(Basic Income Earth Net-work),致力于基本收入计划的全球推广。进入21世纪,接踵而来的自然灾害、政治动荡、经济衰退等加剧了社会的不安全、不稳定、不确定,实行全民基本收入的倡议再次流行。参选2020年美国总统的前民主党华裔候选人安德鲁·杨(Andrew Yang)在竞选演说中提出的“自由红利”(Freedom Dividend)计划——给18岁至64岁的美国人无条件发放1000美元/月,赢得很多民众的支持。[①] Twitter和Square首席执行官杰克·多西(Jack Dorsey)、Tesla和Space X首席执行官埃隆·马斯克(Elon Musk)和Facebook创始人马克·扎克伯格(Mark Zucker-berg)都公开表示支持全民基本收入。在实践中,美国阿拉斯加州的永久基金分红制度是目前公认的最接近全民基本收入构想的实践:从1976年起,州政府每年为连续居住半年以上的公民发放现金,金额随石油收益波动。芬兰国家社保局2017年1月启动为期两年的全民基本收入试验,政府每月无偿向被抽取的2000名25岁至58岁的失业者支付560欧元,这是目前世界上第一个由中央政府推动并覆盖全国的全民基本收入试验。[②]加拿大安大略省在2017年选取了4000名低收入人群推行为期三年的全民基本收入试点项目,年龄在18岁至64岁且年收入低于34000加元的单身成年人,每年最高可获约8.86万加元,年收入低于48000加元的夫妇最高可获约12.53万加元,残障人士可额外获得6000加元。[③]印度一个妇女协会在联合国儿童基金

---

① 《美华裔总统候选人杨安泽提“自由红利”背后有怎样的数学逻辑》,澎湃新闻,https://baijiahao.baidu.com/s?id=1641294168652755887&wfr=spider&for=pc,2019-8-8。

② 《芬兰“基本收入”方案效果好于失业补助》,新华社,https://baijiahao.baidu.com/s?id=1625006428520932839&wfr=spider&for=pc,2019-2-9。

③ 《加拿大安大略省试行“基本收入”制度贫困者每年可领数万元》,环球网,https://baijiahao.baidu.com/s?id=1565638382681419&wfr=spider&for=pc,2017-4-25。

的资助下，在2009—2010年，为中央邦附近农村的6000名成人和儿童每月分别提供300印度卢比和150印度卢比的现金。

实行全民基本收入有一定的现实基础和实践经验，但为了表明其后资本主义的特性，斯尔尼塞克和威廉姆斯指出，全民基本收入构想必须同时满足三个条件：必须提供充足的收入以维持生活，必须无条件提供给所有人，必须是对福利国家的补充而不是替代。西方国家的福利政策不是为了实现普遍的平等和自由，社会福利的程度和规模被限制在不损害资本积累的框架内，不断削减的社会福利就是证明。与之不同的是，全民基本收入不需要调查个人经济背景和就业状况，不区分种族、性别、身份等差异，不仅摆脱了福利资本主义的纪律性质，还避免了福利污名化现象。同时，不同于向每个人无条件一次性提供资金来简单取消福利国家的保守观点，他们强调，全民基本收入是作为复兴福利国家的补充，是建立在经济自动化带来的充裕的社会财富的基础上，避免其成为扩展新自由主义私有化市场的载体。

斯尔尼塞克和威廉姆斯指出，实行全民基本收入在实践中的意义是重要的，它不单单在解决失业、贫困、辍学、犯罪、卫生、家庭等问题上发挥着经济作用和道德作用，更是社会变革、政治转型的重要策略。

第一，全民基本收入将工作与收入脱钩，使出卖劳动力不再是唯一选项，减少了工人对工资的依赖。实行全民基本收入可以使资本家对工作的强制约束变为劳动者的自愿活动，劳动力的部分去商品化将改善劳动者在劳资权力关系中的弱势地位，劳动者将有更多的时间和更少的压力去参加争取合法权益的社会运动和参与政治，罢工运动在全民基本收入的安全网下也更容易被组织起来。最重要的是，实施该策略可以团结那些有共同利益诉求的边缘群体，扩充后资本主义社会的力量。

第二，失业或工作不稳定在资本主义社会是不安全、不体面的，但资本主义不会也不可能兑现充分就业的承诺。资本家总是通过制造一定比例的失业人口、提供有限期合同的工作等伎俩强化资本对劳动的奴役，以维持统治的纪律性。如果实行全民基本收入，那么一个人即使失去工作也可以有尊严地活着，从事自己感兴趣的活动，使失业和不稳定从被资本驱使的被迫的、不安全的状态，变为劳动者追求自由劳动的自愿的解放状态。

第三，雇佣劳动制下的工作被简化为以出卖劳动力获得工资的谋生手段，工作价值被货币化的市场反复称量，工资成了选择和评估工作的尺度。全民基本收入保障了基本生活支出，摆脱生计困扰的人们自然会避开那些乏味、辛苦、危险、繁重、报酬少的工作。这就有可能使这些工作岗位因人力缺乏而工资上涨，这种反向的物质激励使人们在评估工作时更看重工作的社会价值。此外，低技能工作岗位工资上涨造成的生产成本提高，将倒逼企业升级自动化设备，与经济全自动化和缩短工作周形成正向反馈。

第四，无论是非正式工作、家庭工作、个人工作，还是正式工作、公共工作、集体工作，每个人都对社会有贡献，每种劳动都应受到重视和收到回报。在这里，劳动的范畴不是传统马克思主义或新古典主义所定义的资本攫取剩余价值的劳动，而是更一般的再生产劳动，主要是妇女承担的家务劳动。全民基本收入意味着无条件支付给所有人一笔现金，让女性可以实现经济独立，更容易摆脱家庭和工作的双重剥削，促进妇女解放事业，也为不同形式的补充或替代私有制家庭模式的试验提供可能性。

(三)工作伦理是实行全民基本收入的障碍

工作伦理是实行全民基本收入的障碍之一,也是能否向后工作社会过渡的重要因素。在现代资本主义社会的规训下,工作成为人们的第一要义,因为工作已经融入人们的身份,工作伦理成为人们认知、情感、信念、意志、行为的准则。21 世纪的左翼必须设法与以工作为中心的现代观念作斗争,必须转变人们这种日用而不觉的工作伦理。

工作伦理是历史发展的产物。在古希腊,劳动被认为是卑贱、低劣的活动。在中世纪,劳动是上帝对亚当偷食禁果的诅咒。17 世纪后,新教把选民在教堂里对上帝的信仰延伸到世俗的日常工作,劳动化身为增添上帝荣耀、获取上帝恩宠的唯一手段。马克斯·韦伯(Max Weber)认为,新教伦理美化了工作,滋长了现代工作伦理,"更进一步把劳动本身作为人生的目的,这是上帝的圣训"[①]。从此,清教徒作为"天职"的虔诚劳动演变为现代人殚精竭虑的工作。机器大工业的强势发展带来了生产力的极大提高和财富的极大增长,却给日夜劳作的工人带来了无尽的痛苦。经过工人斗争和劳工运动,劳动者的工作状况改善了,但他们接受的规训更多了,劳动剥削的方式更隐蔽了。勤勉、服从、克己等工作伦理通过资本主义意识形态机器的运作被灌输给工人,新自由主义通过绩效制、淘汰制等丛林式竞争迫使人们不停工作,不断采取行动提升业务能力,将自己确定为竞争性主体。

斯尔尼塞克和威廉姆斯认为,工作伦理的核心思想是将苦难与报酬挂

---

① [德]马克斯·韦伯:《新教伦理和资本主义精神》,于晓、陈维刚译,生活·读书·新知三联书店 1992 年,第 124 页。

钩的逻辑，经历苦难成为一个人获取报酬的前提条件。[①]二人在对美国早期基本收入试验失败的分析中发现，尽管试验项目将失业和贫穷视为社会的结构性问题，但试验方案还是严格区分了工作群体和福利群体，担心被污名化为懒汉、寄生虫的穷人拒绝了该项目，种族偏见则使白人拒绝领取救济黑人的福利金。福利乞讨者的标签效应使领取福利变为有损名誉、尊严的不光彩行为，媒体、影视对福利进行污名化，福利依赖、福利欺诈的报道和影射加剧了这种负面影响。对现代社会而言，想领取报酬就要辛苦工作，这更是被普遍认可的自我价值的实现途径。随着工作与生活之间界限的模糊，工作伦理从工作场所渗透到生活空间，日渐成为现代人的社会共识。无论你的年龄、阶层、信仰是什么，工作都是人生大事，是维持生计的手段，是自我实现的途径，是身份、意义的来源。

然而在斯尔尼塞克和威廉姆斯看来，最新的自动化浪潮和人工智能的推广，过剩人口增加和贫民窟扩大，以及紧缩政策的持续使占主导地位的工作伦理与经济基础的现实变化相抵触，工作伦理日益成为虚假性、压迫性的意识形态。资产阶级鼓吹工作的必要性，却无法提供足够的工作岗位和收入保障，要求人们热爱工作，却创造了大量无吸引力、无意义的工作，使劳动者集体陷入了职业倦怠之中。即便如此，人们还是无法拒绝工作，无法想象没有工作的生活。因为工作已成为现代生活的规定，工作伦理让很多人失去了对工作以外生活的想象，这种想象的丧失源于对没有收入保障和自我观念崩塌的恐惧。这样的工作伦理显然会与人类解放的未来前景产生冲突。人们

---

① Nick Srnicek and Alex Williams, *Inventing the Future*: *Postcapitalism and a World without Work*, London: Verso, 2015, p.126.

必须重新思考工作的必要性及工作伦理同现实社会的契合性，扭转工作在现代生活的中心位置，转变具有压迫性意识形态特征的工作伦理和将苦难与报酬挂钩的工作观念，创造在工作之外重新生活的条件。目前，人们对工作状况的普遍争议和不满，以及媒体对全民基本收入构想在解决技术性失业问题上的宣传，让转变工作伦理的构想有望获得广大民众的自愿认可。

经济全自动化、缩短工作周、全民基本收入、转变工作伦理是左翼加速主义建设后工作社会的基本需求，它们可以被视作一个个单独目标，也可以相互产生共鸣。经济全自动化增强了缩短工作周的可能性，提高了实行全民基本收入的需求；缩短工作周有助于产生可持续的经济和可利用的阶级力量，全民基本收入增加了缩短工作周和扩大阶级权力的潜力，并促进经济全自动化的实现。当这些目标彼此产生连接而形成一个综合计划时，真正的变革潜力就会显现。这种综合力量带来的不是边缘化的简单变化，而是一个足以与社会民主主义和新自由主义相抗衡的全新的霸权形态。斯尔尼塞克和威廉姆斯强调，工作的终结不是历史的终结，超越对雇佣劳动的依赖固然重要，但我们仍然必须寻求市场的系统替代品，必须摆脱技术发展的束缚，必须建立新的政治机构，我们仍将面临消除其他经济、政治、社会、生物限制的艰巨任务。建设后工作社会的平台是必要的，是实现未来社会的中介，但还不够。

四、争夺社会技术领导权，重塑技术发展方向

左翼加速主义者看到了技术加速超越资本社会制度的可能性，找到了一条加速主义的社会解放路径。一方面，他们表现出不同于传统左翼的政治

想象力，将技术本身和技术的资本主义应用剥离，不拒绝异化，反而希望加速劳动者和技术的合体以加速突破资本主义的限制。另一方面，他们表现出不同于右翼加速主义的加速立场，肯定兰德只有加速社会系统的毁灭趋势才能创造一个新社会的理论预设，但批评兰德将加速发展的任务赋予资本主义是错误的。左翼加速主义倡导的是超越资本增殖参数的加速模式，其基本立场是将技术加速潜力和有效的社会行动结合起来，加速技术发展进程并将技术应用导向公共目的，实现全方位的社会变革和集体自我控制。为此，左翼首先必须争夺社会技术领导权，在掌控技术加速方向的基础上按未来社会的目标重组技术资源。

（一）开发新技术，大众控制技术

斯尔尼塞克和威廉姆斯指出，领导权不仅根植于社会观念领域，还嵌入社会的基础设施和技术领域，体现了社会的物质超越性，潜移默化地影响人们的行为和意识形态。在新自由主义环境下，技术基础设施倾向于塑造一种追求竞争、个人主义化的社会形态，这完全是资产阶级构建出的物化霸权。左翼加速主义者要争夺技术领域的领导权，建立后资本主义参数，将我们的集体想象扩展到资本社会制度允许的范围之外，让技术加速成果转向公共目的，实现大众对社会技术的自我控制，共同创造更加美好的未来。

开发新技术是当今左翼争夺技术领导权的策略之一。这不仅是从资产阶级手中夺取技术生产资料，还要开发新技术，创造社会变革的新工具。在斯尔尼塞克和威廉姆斯看来，当代风险投资倾向于产生短期利润，逐利本性使资本家更青睐市场上那些周期短、风险低、营利快的项目，大规模项目的可行性总会受到资本主义营利参数的限制。比如，社会福利性项目（如埃博拉疫苗）因可预知的低利润潜力而被搁置，某些领域的技术进步（如太阳能和电动汽车）由于破坏资本利润而遭到包括游说政府取消绿色能源补贴、制定限制性法律法规等在内的积极限制，知识产权垄断不断影响制药行业，科技产品创新总是受到专利竞争的困扰。

事实上，任何私人资本家不愿也无力投资高风险的技术创新项目，国家的集体投资一直是技术创新的主要动力。从铁路、互联网到绿色能源、纳米技术再到太空旅行、卫星制造等重大技术基础设施和创新项目，都是国家主导开发，是由超出任何成本效益分析的非经济目标驱动的，是社会集体投资的成果。正是由于国家长期投资高风险的技术创新项目，社会技术变革才得以发展，才会出现一次又一次引领时代进步的技术革命。战后是技术创新的黄金时代，其中三分之二的新技术是国家主导的集体投资。近几十年来，企业对高风险项目的投资急剧下降，新自由主义政府又不断削减国家开支，技术发展的速度明显放缓。在后资本主义社会战略中，新技术开发不是为满足边缘消费者需求的同类基础产品的边际改进，也不是将技术创新限制在资本积累的参数内，而是要开发诸如太空旅行、经济脱碳、经济全自动化、可再生能源、合成生物、廉价药物、人工智能等具有真正加速人类进步的技术项目。这是旨在创造全新世界的技术路径，为在此过程中出现的意想不到的社会变革提供可能，意味着国家不仅在加速技术发展进程中发挥推动作用，更重要的是在加速技术发展方向上发挥导航作用。

那么如何实现大众对新技术的政治控制呢？斯尔尼塞克和威廉姆斯考察发现，大众控制生产资料是 20 世纪 70 年代工人斗争的核心，英国“卢卡斯计划"就是典型。[①]英国卢卡斯航天航空公司主要为军队生产高科技军用设备，获得了大量政府资助。面对20世纪70年代的结构性失业和企业裁员，员工围绕如何运营公司业务和维持工作岗位进行了集体讨论，基本原则是，民众理应对政府公共资金的用途有发言权并从中受益，公共资金使用应从改进军备产品转向生产对社会有用的产品。为此，员工们在工会和社区广泛征求建议，制定了1200多页，约150种对社会有用产品的详细提案，内容涉及企业的生产资源和技术能力用于发展医疗设备、可再生能源、改进安全设备和社会住房供暖等公共领域，并以尽量减少浪费、生态可持续并尊重工人及其技能的方式进行生产。"卢卡斯计划"激发了大众的集体想象力，改变了人们对企业生产的固定看法，通过调动工会、社区和政府的资源成功制订了反对工厂僵化生产的集体计划，回应了社会需求，引发了女权主义、环保主义、和平主义、劳工运动等其他抗议群体的共鸣。他们称赞，"卢卡斯计划"体现了一种反霸权思维，避开了民间政治的被动防御性策略转向主动对抗并制定替代方案，不仅仅是在以利润为导向的经济中建立工人控制工厂的尝试，更重要的是试图重新组织和分配技术资源，利用社会生产力来重塑技术发展方向，它是将技术知识、政治意识和集体力量相结合以实现对物质世界的彻底改造的理想模式。

斯尔尼塞克和威廉姆斯指出，21世纪的科学技术和基础设施具有实现更好政治体制和经济体系的巨大潜力和资源，机器正在完成十年前无法想象的任务。随着互联网技术和算法技术的加速发展，计算机收集处理数据能

---

① Nick Srnicek and Alex Williams, *Inventing the Future: Postcapitalism and a World without Work*, London: Verso, 2015, p.147.

力呈指数级增长，大众对新技术的政治控制和经济民主参与在未来社会成为可能。计算机系统根据历史数据库可以简化集体决策程序，也可以使与集体不相关的决策自动化，避免人们投入大量时间讨论日常生活细节；社交媒体平台脱离其营利驱动和封闭化倾向，搭建人人可发言的公共平台，吸引更多的人参与社会建设；计算机强大的计算能力可以解决在没有市场价格的情况下有效分配生产资源的问题。所有这一切都可以用于在国家和全球范围内实施“卢卡斯计划”，将我们的技术发展转向有意识地生产对社会有用的产品，将经济技术发展导向公共目的。

（二）恢复控制论下的技术重组实验

技术发展遵循重组路径，简单的技术和技术组件经过重新组合构成越来越复杂的技术系统，每一项新开发的技术都在增加技术重组的可能性，促进技术系统的进一步扩展。斯尔尼塞克和威廉姆斯表示，资本权力关系嵌入技术基础设施是左翼重组技术资源的重要限制，但是从长远来看，技术基础设施既是克服资本主义生产方式的重大障碍，又具有确保资本主义替代方案长期存在的巨大潜力。一旦未来社会的技术基础设施到位，无论有任何反动势力，都很难摆脱它。需要明确的是，技术本身没有好与坏，技术控制的背后是权力关系，任何给定的技术都不可避免地带有政治倾向，但是技术在它被设计的目的之外还存在其他目的，而且“我们中间究竟有谁可以完全了解已经发展起来的技术中未开发的潜能？我们赌的是，我们的科技研究还存在着尚未开发出来的变革性潜能”[1]。左翼加速主义就是要释放被资本增殖目标限制的技术潜力，他们相信，技术重组带来的技术转变会超越资本主义，为实现新的未来愿景提供可能。在这个计划中，原有的技术基础设施和物质平台可以作为实现新未来愿景的跳板，只需要将其进行重新组织和分配并导向后资本主义目标。

事实上，技术重组更大的限制在于我们的世界比以往任何时候都更加复杂、抽象，这种复杂性已经超出了人类的认知和控制能力。民间政治选择将复杂性降低到人类可思考和控制的范围内，偏向直接性策略，但这也拒绝了在更大范围与资本主义权力的相抗衡，无法实现大规模的社会转型。左翼反霸权战略选择直面复杂因素重叠交织的世界系统，选择扩大人类思考和控制复杂世界的能力，这就需要利用最新的先进技术建立一个集体控制体系。斯尔尼塞克和威廉姆斯是控制论的“信徒”，认为政治是需要设计的，而技术是政治设计的最佳工具，任何社会转型都需要大量的经济和社会实验。他们反对将控制论看作法西斯主义原型的后现代主义观点，认为我们必须重新实现控制，“我们必须关联于这样的复杂体系分析，这是一种新的行动形式：可以通过一种与各种偶然事件相关的实践，去即兴发挥和实施一种设计，它只能在行动过程中，在地理—社会的技艺和狡黠理性的政治中才会有所发现。通过大量实验的形式，寻找到了在复杂世界中采取行动的最佳路

① Alex Williams, Nick Srnicek, Accelerate: Manifesto for an accelerationist politics, in Robin Mackey and Armen Avanessia(eds.), *Accelerate: Accelerationist Reader*. Falmouth, U.K.: Urbanomic, 2014, p.356.

径”[①]。重要的是，曾经有过使用有限的技术资源来突破被认为不可行的技术边界以影响社会变革的尝试，这是当今左翼可参鉴的宝贵经验。

20 世纪 50 年代末，随着苏联开始摆脱斯大林主义的影响，科学家和工程师们高擎控制论大旗批判斯大林时代对控制论的批判，要求扩大控制论、电子计算机的应用范围，并将其视作解决共产主义问题的有力工具。控制论专家认为苏联经济是一个复杂的控制论系统，通过创建大量区域性计算机中心来收集、处理和重新分配经济数据，再将这些区域性计算机中心连接成一个全国性网络，就可以产生一个实时控制国民经济的自动化系统，从而实现经济系统的完全可控和最佳运行。1959 年，基托夫（Anatolii Kitov）提出经济自动化管理系统（EAMS），一个用于改善经济计划制订的全国计算机网络，因为军队不愿与民用经济计划者共享信息，EAMS 提案被驳回。1962 年，维克多·格鲁什科夫（Viktor Glushkov）提议建立全国自动化系统（OGAS），该系统可以自动收集和处理数据、实时衡量经济变量、即时调整经济行为，实现整个计划经济系统的动态平衡。他还提出，铺设全境民用计算机网络、计算机模拟经济规划、建立个人电子档案、废除纸币等超前设想，但计划因政治局拒绝经费支持而未能付诸实践。

智利的“赛博协同工程”（Project Cybersyn）是一个更加雄心勃勃的技术政治实验项目。1971—1973 年，萨尔瓦多·阿连德（Salvador Allende）政府一个小团队和控制论专家斯塔福德·比尔（Stafford Beer）开始了将控制论应用

① Alex Williams, Nick Srnicek, Accelerate: Manifesto for an accelerationist politics, in Robin Mackey and Armen Avanessia (eds.), *Accelerate: Accelerationist Reader*. Falmouth, U.K.: Urbanomic, 2014, p.361.

于智利国民经济规划的“赛博协同工程”，即利用计算机和通信科技设计的一个平衡集中控制和分散控制的社会技术系统，通过管理控制论与民主社会主义相结合去促进智利的政治、经济和社会变革。该系统建成后将帮助政府完成复杂的实际管理和决策任务，国有企业每天通过全国通信网络 Cybernet 将工厂数据实时传输到圣地亚哥的中央计算机，统计过滤软件 Cyberstride 收集、处理工厂模型输出的数据来监督生产情况，并使用统计方法检测基于历史数据的生产趋势；动态经济模拟和预测程序 CHECO 利用实时数据模拟未来经济行为；中央指挥室 Opsroom 被认为是项目的象征性核心，是一个用于制定决策的房间。技术专家们努力将阿连德政府的政治价值和社会目标嵌入新系统设计中。1972 年，智利发生全国性卡车车主大罢工，阿连德政府官员和工程小组成员运用电传网络实时监控从南部到北部罢工活动的电传，迅速制定决策，又快速传达指令，远程协调有限资源，瓦解了反对派破坏政府的目的，帮助政府成功应对危机。然而一场军事政变结束了一切。尽管“赛博协同工程”没能帮助阿连德政府实现民主社会主义的政治梦想，也没能实现实时经济管理的科技梦想。但罢工事件表明，电传通信网络将国家的垂直命令和民众的水平活动联结到了一起，说明技术重组能够以使特定行动变得可能的方式实现特定的政治目标。

在斯尔尼塞克和威廉姆斯看来，早期的控制论学者“将最先进的赛博控制技术，与复杂的经济模型，以及民主平台融合起来，在技术基础设施建设上是示例化的"[1],提供了一个技术与政治融合的乌托邦式案例,展现了一个独特且充满希望的未来愿景。实验最终失败只是由于当时的政治限制和技术局限,但其解放路径是不容置疑的。

在21世纪,数字平台已经成为全球社会的基础设施,它让行动、关系、权力的设置成为可能,但全球平台被资本家所拥有,受资本社会关系摆布。左翼要争夺社会技术领导权,就必须从资产阶级手中夺回这些涉及生产、金融、物流和消费的全球平台,按照未来社会的目的重组和重构这些平台,创建公共数字平台。我们可以利用国家权力冲破平台竞争和营利的框架,扭转平台经济的垄断趋势,明确数据产权全民所有,平台财富全民共享,制定阻止剥削性的精益平台发展的地方性法规。政府相关部门发布关于个人信息保护新的监管措施,加强管理互联网科技企业的避税逃税行为,让公共资金重新回到大众手中。我们也可以利用国家的资源优势,大力支持创建公共数字平台所需的数字技术和数字基础设施组件的研发,将平台发展导向公共目的,让大众拥有和控制平台,公开数据用途和使用方式,打破数据壁垒和数字技术垄断,并利用今天大数据反馈和算法计算,重新分配社会资源,合理引导平台经济发展,实现经济的民主参与,并进一步加速技术发展。此外,左翼有必要利用数字技术建立集体自我控制系统,进行大量经济和社会实验。就如20世纪苏联的控制论系统、智利的"赛博协同工程",将左翼加速主义思想、新兴科学技术、平台基础设施等重新排列组合,应用于理解和控制

① Alex Williams, Nick Srnicek, Accelerate: Manifesto for an accelerationist politics, in Robin Mackey and Armen Avanessia(eds.), *Accelerate:Accelerationist Reader*.Falmouth, U.K.: Urbanomic, 2014, p.357.

这个极其复杂、抽象的世界体系。通过大数据和智能算法建立经济模型，左翼要对可能出现的后果进行概率研究，预测多种可能作出最优决策，寻找在复杂世界中采取行动的最佳路径。

五、以民粹主义为逻辑，凝聚多元化力量

加速主义都追求技术加速带来的力量。左翼加速主义者同样希望加速技术发展进程，但强调技术加速需要社会政治行动，并表示直接行动不足以获得成功。左翼要建构未来社会，意味着大规模的社会转型，并需要重建左翼权力。那么如何建设新的权力以及谁来建设，就成为左翼加速主义者要思考的关键问题。为此，斯尔尼塞克和威廉姆斯认为，至少需要做三件事：发动大规模的民粹主义运动、建立组织生态系统和分析革命杠杆。①

（一）发动左翼民粹主义运动

马克思和恩格斯断言，被资产阶级社会雇佣劳动制剥削的无产阶级，只有推翻资产阶级的统治才能继续生存下去，革命的无产阶级是资产阶级社会生产的“自身的掘墓人”，工人阶级是无产阶级革命的先锋。然而斯尔尼塞克和威廉姆斯认为，在经济全球化、去工业化、生产自动化、服务经济兴起、福特主义模式消亡的综合牵制下，传统工人阶级已经四分五裂，“从今天的

① Nick Srnicek and Alex Williams, *Inventing the Future: Postcapitalism and a World without Work*, London: Verso, 2015, p.155.

情况看，经典革命主体已经不复存在，只有各种各样身份重叠的个体”[①]。更重要的是，如果最新的自动化浪潮是实现后资本主义的关键纽带，那么工业工人阶级就永远不可能成为反霸权战略的推动者，因为它的存在是建立在通往后资本主义道路必须消除的经济条件之上的。如果向后资本主义世界过渡需要去工业化，那么工人阶级将不可避免地在这个过程中失去权力。随着工作危机的到来，“随着发达国家的工人重新陷入不稳定状态，随着越来越多的全球人口在资本社会制度下成为‘自由’劳动者，无产阶级的基本条件正在逐渐成为更多人的特征”[②]。在这里，无产阶级泛指那些必须靠出卖劳动力才能生存的群体——不管他们是否被雇佣。

那么我们今天的革命主体是谁呢？或者实现未来社会的反霸权战略由谁推动？斯尔尼塞克和威廉姆斯给出的答案是全球范围内不断增加的过剩人口或流动的无产阶级。没有预先存在的群体可以体现普遍利益或作为反霸权战略的先锋——不是产业工人，不是智力劳动者，也不是流氓无产阶级。就业和失业、正式和非正式之间界限的破裂，传统斗争团体的分裂，以及工人阶级力量的普遍分化，意味着今天左翼必须编织一个新的“我们”。

那么如何将分散的、流动的无产阶级组织成一个新的“我们”呢？据他们分析，组织这种融合的方式在实践中有很多，经典马克思主义预设了资本主义发展趋势会加剧阶级分化并导致无产阶级团结，事实是，传统无产阶级已经严重分化；其他人主张基于一般性的共同利益将不同群体团结起来，但最

① Nick Srnicek and Alex Williams, *Inventing the Future: Postcapitalism and a World without Work*, London: Verso, 2015, p.156.

② Nick Srnicek and Alex Williams, *Inventing the Future: Postcapitalism and a World without Work*, London: Verso, 2015, p.155.

小的共同利益往往导致最小的需求；占领运动中的团结往往来自身体上的接近——人们在占领地一起工作和生活，问题是物理上的接近在占领地被破坏时，团结会迅速被瓦解；“阿拉伯之春”中的不同群体通过反对共同的暴虐对手聚集起来，但一旦对手倒下，仅仅建立在反对之上的团结也就崩溃了。以上方法只能提供最小的凝聚力，表面的统一掩盖了内部真正的分歧，共同体会随着内部差异引发的矛盾升级而迅速瓦解。

他们指出：“变革性政治面临的挑战是将一系列差异表达为一个共同的项目，而不是简单地断言阶级斗争是唯一真正的斗争。”[①]近年来，许多很有希望的政治斗争都将自己定位为民粹主义运动而不是阶级运动也就不足为奇了。因此，他们拒绝传统左翼制定的革命共同体策略，提议“发动大规模的左翼民粹主义运动”。在这里，他们强调，我们的“民粹主义”不是指那种盲目的无组织的群众行动，或那种迎合最低需求的抗议，又或那种具有特定政治内容的运动。它是一种政治逻辑，一种反对政治霸权、争夺权力的政治思考方式，旨在将不同身份的群体、不同类型的抵抗运动集结起来，形成新的集体意志，对抗共同的对手并彻底改造社会。民粹主义运动源于对未满足需求的挫败感。在正常情况下，需求在机构内部单独处理，如最低工资增长、失业救济金和提供医疗保健等，微小的调整不至于引起对整个社会制度的质疑，现有霸权以此方式可以得到加强。相比之下，当公平薪资、社会住房、儿童保育等需求的满足越来越受到阻碍时，民粹主义运动就出现。在这个过程中，特定利益变得越来越普遍，民粹主义出现并反对现有秩序。

① Nick Srnicek and Alex Williams, *Inventing the Future: Postcapitalism and a World without Work*, London: Verso, 2015, pp.157-158.

受拉克劳与莫菲霸权理论的影响，斯尔尼塞克和威廉姆斯指出，与传统的阶级划分不同，左翼民粹主义构建的是跨越阶级的“人民”，它是依据具体社会需求和政治情势对不被代表的社会底层的人或社会边缘群体的一种命名，是一个在内部不区分利益和阶层的整体（比如占领华尔街的“99%”），不具有任何必要的物质利益同意，这些学生、妇女、移民、黑人、白领、失业者、流浪者等不同身份的群体，更多的是围绕某个口号而不是任何共同的政治集结起来的。“对人民及其敌人的命名是一种政治行为，而不是一种科学陈述。”[①]因此，无论是“人民”还是社会对抗，都是通过命名行为构成的。然而民粹主义“人民”的出现还必须有一个特定的需求或斗争对象来代替其余的，这个对象被认为是各种问题的源头，拥有很大的能量和影响力。比如，“占领”运动动员了不同国家、地区民众的各种不满情绪，这些不满和愤懑围绕反对不平等的斗争交织在一起，联合起最广泛的抵抗力量，形成影响巨大的媒体效应和社会效应。在这里，“不是某个特定群体寻求社会认可，而是一个特定群体普遍为社会说话”[②]。为了做到这一点，这一特定的斗争所表达的需求既代表自身利益，也是社会普遍利益的反映。

相对于基于共同物质利益团结起来的工人运动的稳定性，缺乏实质性统一基础的“人民”使得民粹主义运动的持久性永远受到其他斗争之间张力关系的困扰。所以成功的民粹主义运动还要与内部差异和特殊性进行持续性地协商谈判，寻求建立一种共同的语言和计划。斯尔尼塞克和威廉姆斯指

---

① Nick Srnicek and Alex Williams, *Inventing the Future: Postcapitalism and a World without Work*, London: Verso, 2015, p.159.

② Nick Srnicek and Alex Williams, *Inventing the Future: Postcapitalism and a World without Work*, London: Verso, 2015, p.159.

出，民粹主义运动和民间政治运动的区别就在于对这种差异的立场，前者寻求一种共同的语言和计划，后者偏好特殊性的差异，并避免了任何普遍化的可能。

民粹主义运动在本质上就是一种特殊性与普遍性的结合，共同的话语将不同的对抗团结为站在抗击共同敌人立场上的一个集团，不同群体或斗争都保留了一定程度的特殊性，而所有群体团结起来对抗敌对集团的意义则是第一位的。后工作社会平台为左翼民粹主义运动提供了使各种争取社会正义和人类解放的斗争，在同一运动中得到基本的利益表达的独特资源。左翼加速主义者提出的后工作社会的未来愿景，对大多数人都具有潜在吸引力，可以整合分歧差异、凝聚各类对抗。比如，它克服了经济增长和碳排放减少之间的紧张关系，是红绿联盟的最佳选择；它承认主要由女性从事的隐形无偿劳动及为女性解放提供经济独立的必要性，符合女权主义的要求；它扭转高失业率及大规模监禁和警察暴行对黑人和其他少数族裔不成比例的影响，使其与反种族主义斗争联系在一起；它建立在后殖民主义和土著运动的基础上，为大量非正规劳动力提供维持生计的基本物质资料，并动员他们起来反对移民障碍。

斯尔尼塞克和威廉姆斯强调，需求在任何民粹主义中都是非常重要的，需求是建立团结的关键媒介，[①]因此必须以多种方式和不同的人联系。这样的需求并不预先知道谁会采取行动，但允许人们在其中看到自己的特殊利益，同时又保持彼此之间的差异。比如，后工作社会需求对大学生、单身母

① Nick Srnicek and Alex Williams, *Inventing the Future: Postcapitalism and a World without Work*, London: Verso, 2015, p.160.

亲、产业工人和正规劳动力之外的人有不同意义,但他们每个人都可以在后工作社会中找到自己的利益,以需求的名义将他们动员团结起来就变成了积极的变革力量。因此,基于民粹主义逻辑的社会运动可以使一系列分散的不满和需求保持一致,又不必否定差异。特定的需求被写入一个连贯的叙述中,阐明各种需求如何共享一个共同的敌人,这就是未来愿景对于正确的民粹主义至关重要的原因,却是最近民粹主义运动所缺乏的。希腊的"愤怒的公民"运动、西班牙"愤怒者运动"、西方各国的"占领"运动,尽管它们都把自己定位为民粹主义运动,但没有将不服从的消极抵抗转化为可以组织"人民"的积极的政治计划,没有将各种异质性的需求整合到一个建设美好未来的共同愿景中来进行更大范围的政治动员。

(二)建立组织生态系统

组织是不满和有效行动之间的关键调解者,它将一定数量的人转化为不同性质的权力形式。对于实现民众动员的能力而言,左翼并不比右翼弱,特别是在危机时期,左翼似乎极有能力发动民粹主义运动,而问题在于如何组织。民间政治运动偏好地方主义、水平主义、直接民主的方法,在特定条件下采取特定的组织形式,并试图将其转移到整个政治和社会领域。斯尔尼塞克和威廉姆斯表示,没有任何单一的组织可以承担起大规模社会转型的任务,成功的社会运动都不是单一组织运作的结果,而是广泛地组织生态系统的结果。组织生态系统是一种去中心化和网络化的结构,是开放的、包容的,并不直接拒绝组织等级制,组织之间的协调运作既诉诸自治和互动关系的水平主义,也需要依靠以统治和治理关系为特征的垂直主义。

其一,媒体组织是建立新兴政治生态的重要组成部分。建构未来新社会的战略所涉及的任务需要健康的媒体——创造一种新的共同语言,让人民有发言权,提供期望,产生与人民有共鸣的叙述,并以清晰的语言表达人民的不满。这些元素为改变媒体的叙事提供了锚点。记者和基金会在改变媒体叙事方面扮演着重要角色,朝圣山学社中记者众多绝非偶然。斯尔尼塞克和威廉姆斯强调,一切形式的领导权都不是幻觉,而是建立在人民真正愿望之上的东西。思想传播必须以社会中已经存在的思想、渴望和动力为基础,以一种与日常对话产生共鸣的方式来实现。左翼媒体机构不应该回避平易近人和有趣的话语,从流行网站的成功中汲取经验,使其话语与不同受众的利益要求、价值观念、生活方式、社会关切联系起来,以清晰明确的语言表达不满和愤怒,创造与受众共鸣的媒体叙事。此外,左翼的媒体空间往往建立在主流媒体之外,在流行的社交网络和新闻网站上建立对话交流空间,而不是吸收现有媒体机构并将激进想法传递给主流媒体。"互联网让每个人都有发言权,但没有让每个人都有听众。"[①]为此,主流媒体资源不可或缺,在未来也是如此。它们具备更广泛的影响力和号召力,构造叙事和影响舆论的能力更加强大,能更集中地影响人们看待世界的方式。左翼需要融入而不是疏远现有的主流媒体组织机构,通过主流媒介让左翼新思想在潜移默化中被公众广泛接纳和认可,而不是在主流之外产生越来越分散的受众。

其二,知识组织也是任何政治生态中必不可少的组成部分,从智库之类的机构延伸到大学和其他教育机构,再到组织松散的培训和意识提升机构。

① Nick Srnicek and Alex Williams, *Inventing the Future: Postcapitalism and a World without Work*, London: Verso, 2015, p.164.

斯尔尼塞克和威廉姆斯吸收葛兰西的思想，知识分子与社会中的关键物质和经济力量密切相关，行使社会霸权和政治统治的下级职能，有机知识分子是实际生活的参与者、组织者和建设者。一个正常运作的左翼知识组织将通过参与以上机构构建和传播激进思想，并在可能的情况下提供资源来支持那些与他们的世界观大体一致的其他机构。一个正常运作的左翼知识组织需要具有不同观点的知识分子，他们出现在社会的各个领域，有的从事与社会实际生活相关的工作，如通过调查零售物流的运作方式，研究自动化物流机器，使之成为改变社会的手段；还有一些更有价值的工作需要在具备高度技术知识的专业机构中进行长期研究，如研究新的经济认知方法，这样的工作需要反馈到政治行动者和社会叙事网络中才能发挥作用。

其三，劳工组织或工会历来是社会变革的重要力量。从广义上讲，劳工组织的有效性取决于其政治形式与经济基础条件的一致性，这些条件目前取决于新兴的工作危机，经济不稳定、过剩人口增加、就业形势低迷、工资增长停滞对传统组织模式的有效性提出了挑战。随着工作与生活的界限被打破、工作保障减少、个人债务增加，工作问题的影响溢出了工作场所，这些不断变化的社会条件改变了工会、成员和社区之间的关系。任何想象新劳工组织的努力必须从传统模式的失败和不断变化的经济条件中汲取教训。即将到来的工作危机，要求弥合工作场所和社区之间的鸿沟，明确斗争的社会性质。工作中的问题会蔓延到家庭和社区，反之亦然。同时，工会行动的重要支持来自社区，工会要认识到正式工作场所外的劳动者，包括家政工人、移民工人和其他过剩人口，并支持他们加入工会，而不是只支持缴纳会费的会员。劳工组织和更广泛的社区建立联系是历史传统，但今天需要将其作为组织的明确目标。当工会与社区建立双向关系后,社区将为组织行动提供道义和后勤援助,捍卫工人免受国家镇压,工会也可以参与诸如住房之类的社区问题,展示有组织的劳工的价值。在拓展劳工组织空间时,工作场所的需求也可以向更广泛的社会需求开放。这涉及福特主义对永久性就业和社会民主承诺的质疑,以及传统工会对工资和工作保全的质疑。斯尔尼塞克和威廉姆斯指出,面对自动化快速发展、不稳定性增加和失业率上升的情况,我们必须重新评估这些经典需求的可行性。我们相信,通过重新关注后工作社会的需求,许多工会将得到更好的运作。比如,美国西海岸码头工会允许以自动化换取更高的工资和更少的裁员,芝加哥教师工会围绕总体教育状况动员了广泛的社会运动,转向后工作方向还将克服生态运动和工会组织之间的一些关键僵局。[①]改变工会的目标和在社区范围内组织起来将有利于工会远离传统的、已经失败的社会民主目标,对任何成功的劳工运动复兴都至关重要。

其四,国家仍是政治斗争的场所,政党仍然掌握着重要的政治权力,政党将在任何组织生态中发挥作用。左翼加速主义者毫不掩饰争夺政治权力的欲望,不仅要在社会层面实现广泛动员,还要在政治体制内夺回主导权和话语权。虽然当前的政党因资本控制和精英政治备受谴责,但这在组织生态系统中将发生变化——与其让政党成为不可能实现的革命载体,还不如让其承担更多面向后资本主义未来的现实任务,即在政治压力方面形成“冰山一角”,以及培养将不同选民聚集起来的能力。政党可以补充街头和工作场

① Nick Srnicek and Alex Williams, *Inventing the Future: Postcapitalism and a World without Work*, London: Verso, 2015, p.166.

所的政治，后两者可以扩大政党的选择范围。社会运动和政党应该被视为左翼民粹主义运动的工具，每一个都能实现不同的目标。政党可以将群众运动中的各种趋势——从改革派到革命派——整合到一个共同的政治项目中。选举实体可以充当破坏性的力量(拖延政策、宣传争议、表达愤怒)，甚至在某些情况下充当进步力量。政党和社会运动之间的关系远不止于此，而是一种双向交流。一方面，政党可以为社会运动提供财政支持，修改涉及公共利益的法律或政策(如公众抗议的法律)以促进社会运动的开展。另一方面，新政党的资源可以集体调动，政党活力可以通过地方性运动、党员和中央不断地进行制度化谈判来维持。“草根和先锋的结合”是一种多管齐下的政治变革策略，比任何单一选择都具有实现真正变革的更大潜力。

(三)寻找新的革命杠杆

有大规模的民粹主义运动和健康的组织生态系统，如果没有机会利用运动的力量，社会变革是不可能的。革命杠杆是撬动整个社会格局从旧政治模式走向新政治格局的支点，是推动社会发生重大变化的关键所在，左翼加速主义者要在不断变化的社会经济状况中寻找新的革命杠杆。

斯尔尼塞克和威廉姆斯在回溯工人运动的历史中发现，一方面，工人战斗性增强和阶级斗争成功最有可能取决于工人在经济中的结构性地位。以往工人运动中许多最重要的进步都是由关键领域的工人取得的，无论他们是否具有广泛的团结、高度的阶级意识或最佳的组织形式，他们都处于影响资本主义生产过程的关键位置，这给他们提供了创造新政治权力的机会。另一方面，政治行动和斗争策略是动态的，任何一种战术策略都可能随着时间的推移和情境的变化而变得无效。比如，生产活动在工业化的早期阶段以专门培训的手工操作技能为主，限制劳动力供应主要通过基于技能、性别、种族等将非熟练劳动者、妇女、童工、外籍工人排除在外。随着工业化和资本去技能化的推进，劳动力供应的范围更加开放，大量非熟练劳动力涌入工厂，工业工会取代了以特定熟练技能为基础的手工工会，早期的技能排斥策略失效。限制劳动力供应的另一种方法是减少工人的劳动时间，缩短工时依靠撤回每个人在生产中的部分劳动时间，这在早期工人运动中取得了显著成果，但后期由于多种原因，尤其是二战后资本和劳工的妥协，工人运动衰落，缩短工时很少被考虑。

然而最新的自动化浪潮带来的社会经济体系变化可能使缩短工时再次成为可能。现在，让资本家付出代价并迫使其参与谈判的罢工策略也从早期的单纯不工作变为静坐罢工和占领工厂。“在历史上，没有任何一种政治行为是不容践踏的。实际上，随着时间的推移，逐渐需要我们放弃那些熟悉战术，因为它们组织起来，反抗的那些势力和力量，学会了如何去有效地保护自己和反攻击。”[①]因此，左翼要随历史环境的变化进行政治和策略的重新选择，要在资本循环中寻找新的能撬起社会变革的杠杆，为未来社会的政治行动制定新战术。

据斯尔尼塞克和威廉姆斯的分析，今天，斗争的领域再次发生变化。一是正在重组生产和流通的自动化发展趋势预示着经典破坏性杠杆的消失。

---

① Alex Williams, Nick Srnicek, Accelerate: Manifesto for an accelerationist politics, in Robin Mackey and Armen Avanessia(eds.), *Accelerate: Accelerationist Reader*. Falmouth, U.K.: Urbanomic, 2014, p.358.

早期工人运动多发生在货物流通密集的铁路、码头，从事货物运输的工人占据资本流通的关键点，在资本经济结构中占据重要地位，因此他们拥有一个非常重要的破坏其生产的杠杆，即联合起来举行大罢工。通过中断资本积累，罢工对资本主义利益增长造成威胁，工人掌握与资本家谈判的主动权，进而将经济斗争扩展为政治斗争，推动"社会战争"的到来。然而随着自动化技术的进步，交通运输物流方面的自动化取得显著成效，无人驾驶汽车、船舶自动化系统、自动化存取仓库、自动化装卸设备等不断被投入使用，出现"无人工厂""无人码头""无人仓库"，自动化机器取代工人占据运输系统的关键位置，曾经发挥革命性作用的罢工战术在自动化时代似乎失去了革命效力。但是斯尔尼塞克和威廉姆斯认为，自动化发展趋势在降低传统斗争可能性的同时，也创造了新的破坏资本生产的杠杆，受制于计算机技术和算法控制的自动化机器不会受到搬运工人、司机等罢工的影响，但会因相关互联网技术人员的罢工而扰乱生产流程。[①]

二是工作危机下工作越来越不稳定，失业和过剩人口不断扩大，使得在传统工作场所进行政治斗争的可能性明显下降。斯尔尼塞克和威廉姆斯指出，传统左翼的短视之一是只看到工人权力来自破坏生产，事实上，对现有秩序的挑战已经在工作场所之外采取了多种形式。当前发生的失业者运动和以社会再生产为基础的运动是进行新斗争的重要且具有启发性的抵抗案例，封锁城市交通动脉成为主要斗争手段。[②]在阿根廷反对派劳工中央工会

① Nick Srnicek and Alex Williams, *Inventing the Future*: *Postcapitalism and a World without Work*, London: Verso, 2015, p.172.

② Nick Srnicek and Alex Williams, *Inventing the Future*: *Postcapitalism and a World without Work*, London: Verso, 2015, p.172.

和左派团体组织的全国大罢工中，参与者封锁了首都环城公路上的交通要道和市中心的主干道，要求政府调整社会经济政策，取消个人所得税、提高薪资待遇、提高退休金等。美国白人警察在密苏里州弗格森镇枪杀非裔青年，引发当地大规模抗议示威活动并蔓延至美国各地，示威者占据大桥、隧道和主要高速公路。类似的斗争策略还体现在针对具有相同目标的资本主义社会再生产的其他方面，比如住宅租金罢工、债务罢工等。这表明这种斗争越来越普遍。这些抵抗斗争没有工作场所可以破坏，他们不得不发明新的利用政治权利的手段，向执政当局施压。计算机建模可以提供有关如何避免分散和无效的政治行动的建议。当然，这些新策略必须被置于一个更大的社会战略计划中，否则有可能变成临时行动，爆发后又消失。

工人运动的经典权力基础已经分散和削弱，但这并不预示着阶级斗争的丧钟已经敲响。自动化和不稳定可能意味着生产点中断的减少，但并不意味着总体中断的结束。在弹性灵活的全球基础设施背景下，传统的革命杠杆已不存在，但这种转变以其他方式增加了全球基础设施的脆弱性。左翼面前的任务必须是对变化的社会物质现实进行清醒的思考，并为新的行动空间制定战略。左翼要正确分析社会经济状况的变化，尤其是全球基础设施的变化，对这些新发展的革命杠杆进行战略性理解，让这些新的斗争策略在与大规模的民粹主义运动和组织生态系统的配合中产生撬起整个社会变革的杠杆效应。

六、本章小结

西方左翼理论的核心是对资本主义社会进行历时性和共时性的分析，并基于历史的可能性理解得出政治结论或革命策略。不同于一般的左翼学者只提出问题而不解决问题，左翼加速主义者的社会批判论证了资本社会制度的不合法性，提出当今左翼的基本任务就是阐明和实现更美好的未来世界，并制定了以后资本主义社会为目标，以后工作社会为中介平台，以超越民间政治的社会战略为前进方式的替代方案。

首先，快速的自动化、不断增加的过剩人口、持续的紧缩政策带来的问题预示着一场资本主义工作危机，以及任何基于雇佣劳动制的社会危机，这加剧了左翼重新思考工作和为工作危机作准备的必要性。为此，斯尔尼塞克和威廉姆斯提出了后工作社会的一些广泛要求，旨在进行非改革性改革。一是这些要求有一种乌托邦式的优势，介入现实又超越现实，在现存社会所能让步的限度内产生压力，这将它们从礼貌的要求转变为好战和敌对的坚持要求，使乌托邦的未来取向与现实需求的直接干预结合起来，引发了“无需道歉的乌托邦主义”。二是它们基于当今世界的现实趋势，最新的自动化浪潮、人们对糟糕工作的普遍不满、缩短工作周和全民基本收入在一些国家和企业中的实践给了它们一种革命梦想所缺乏的生存能力。三是它们改变了当前的政治平衡，为进一步发展搭建了平台，提供了一个从现在开始的无止境的逃逸，而不是机械地过渡到下一个预定的历史阶段。后工作社会不会让我们摆脱资本主义，但确实有望摆脱新自由主义，并建立经济、政治和社会力量的新平衡，为从资本主义形成的自私个体，向后工作社会的公共性和创造性社会的转变提供了条件。随着后工作社会的实现，我们将有更多的潜力推动更大的解放项目。

其次，经济全自动化、缩短工作周、实行全民基本收入、转变工作伦理的斗争主要是政治斗争，后工作社会的乌托邦式想象产生一种旨在使未来成为当前活跃的历史力量的迷信形象，面临的斗争要求左翼超越民间政治思想的视野，重建左翼权力并采取广泛的社会变革策略。而且未来社会不会出现在资本家的仁慈、经济的必然趋势或危机的必然之中。左翼只有重建权力，后资本主义社会才能成为一个有意义的战略选择，否则若不改变当前消极的政治状况，未来社会构想中的变革性元素将被重新纳入资本治理体系，经济全自动化将导致更多的失业和过剩人口，技术加速红利将属于富有的所有者，闲暇时间将在无意义工作和不稳定因素的增加中消失，全民基本收入将被设定在贫困线以下而变为一种救济性政策，进一步加深工作危机。在斯尔尼塞克和威廉姆斯看来，这将涉及一个反霸权战略计划，旨在推翻新自由主义霸权，它需要恢复乌托邦思想和精神，需要重新阐明对现代性、未来、工作、自由的新理解，扩大未来有无限可能的话语空间。这将涉及一个广泛动员社会力量的左翼民粹主义运动，不断增加的过剩人口作为建构未来社会战略的积极推动者，旨在将不同身份的群体、不同类型的抵抗运动结合起来，形成新的集体意志来对抗共同的对手并彻底改造社会。这将涉及一个整合不同组织优势的多元化的组织生态系统，不是松散务实的组织联盟，而是在一个更美好的未来世界的共同愿景下动员起来。这涉及对革命杠杆的新分析，这些组织和民粹主义运动要根据社会现实的变化放弃熟悉的战术，适时调整斗争策略，在资本循环中寻找新的革命杠杆。

再次，任何社会变革都需要时间。斯尔尼塞克和威廉姆斯表示，资本主义不是一下子出现的，而是经过几个世纪的发展才占据统治地位，无产阶级、资产阶级、商品生产、私有财产、技术进步、财富集中化、工作伦理等是使资本系统逻辑最终在世界范围内获得吸引力的组成部分。当今左翼的任务就是要为后资本主义社会创造条件，并努力在不断扩大的规模上实现这些条件。然而当今左翼必须直面眼前严峻的政治境况——工会破产、政党沦为新自由主义傀儡、知识和文化领导权日渐式微。近几十年来，国家和企业对左翼力量的镇压显著增强，法律修改使组织社会运动变得更加困难，普遍的不稳定使人们更加不安全。除此之外，我们的生活世界、社会世界和建筑环境都围绕工作秩序组织起来。向后工作社会转变就像经济脱碳一样，不仅仅要克服少数精英利益的问题，更根本的是改变社会的问题。我们不应该对这样一个社会变革项目面临的困难抱有任何侥幸的幻想。我们如何与一个已经被广泛地认为是社会常识，而不是被广泛地认为是与压迫的权力进行斗争呢?左翼必须为此作好长期的准备。

最后，后工作社会或未来社会的愿景是诱人的，且技术潜力和大众政治权力的结合有望实现这一未来愿景。然而这种未来无疑是有风险的，任何建设更美好未来的行动都是有风险的，无法保证事情会按预期进行。后工作社会可能会产生使资本主义解体的内在动力，反动势力也可能会在新的控制系统下吸纳解放欲望。对社会实验、技术创新和未来想象的一般要求是司空见惯的，但具体的建议往往遭遇批评，概述每一个可能出现问题的点。最好的乌托邦总是被不和谐所撕裂。对政治行动风险的担忧导致部分左翼陷入一种追求新奇又反对冒险的境地,使得民间政治倾向的社会行动变得更加诱人。斯尔尼塞克和威廉姆斯指出,未来的艰巨任务是建立新世界,同时承认它们会带来新的问题,这一必要性与旨在消除决策过程中的偶然性和风险的预防原则背道而驰。事实上,预防原则旨在封闭未来并消除偶然性,将认识上的不确定性转化为对现状的保护,温和地拒绝那些试图建立一个更美好未来的人,他们必须“做更多的研究”。它内在包含一个几乎固有的缺陷:忽略了其自身应用的风险,对不作为和不作为的危险视而不见。虽然风险需要合理对冲,但更充分地认识到意外的阵痛意味着我们通常不会更好地采取预防措施。高风险的偶然性正是导致更为开放的未来的原因,建设未来意味着接受意外后果和不完美解决方案的风险。我们可能总是被困,但至少可以掉进更好的陷阱。

第五章　对左翼加速主义思想的评析

基于加速主义的立场和话语体系，左翼加速主义认真审视和思考当代西方社会出现的新问题、新趋势，揭露资本制度歪曲现代性和限制技术加速，批判平台经济模式的垄断趋向，分析即将到来的工作危机及民间政治影响下的左翼政治萎缩，并提出未来社会的目标和实现目标的战略，这构成了一个较为完整的批判体系。从马克思主义的立场、观点和方法进行评析，左翼加速主义所持的科学批判态度是难能可贵的，有助于全面认识西方社会的当代变化，对激发西方左翼理论的生命力和活力也有裨益。但是我们必须分析这种激进性批判理论的准确性和彻底性，它可以承担起社会批判的理论重任，但在推翻新自由主义霸权、建构未来社会方面的实践效果是值得商榷的。

一、左翼加速主义思想的可取之处

在资本全球扩张和左翼政治萎缩退却的境况下，左翼加速主义举起挑战新自由主义的大旗，以加速主义的激进立场和观点积极探索社会解放道路，宣称"新自由主义已经失败，社会民主是不可能的，只有另类的愿景才能带来普遍的繁荣和解放"[①]。应当看到，左翼加速主义的社会批判有利于我们全面理性地认清资本社会的本质，有助于破除对新自由主义的盲目迷信。左翼加速主义者在许多问题上都提出了新的观点和新的论断，拓宽了我们的思维和视野，在理论和实践上都有可取之处和积极作用。

（一）反映社会现实：揭露西方社会的弊病

金融危机的爆发再一次掀起一股大规模的社会批判浪潮，左翼加速主义思想脱颖而出，有理有据地阐述资本社会制度的不合法性，论证新自由主义会将人类社会导向不平等、不稳定的未来，使人类走向永恒的危机，打破了人们对新自由主义的普遍迷思。

其一，《宣言》开篇就指出，气候体系破坏、资源能源枯竭、经济体系崩溃、热战冷战冲突、生活水平下降等是21世纪全球文明面临的新灾难，而新自由主义右翼和传统左翼无法解决不断加速的灾难和危机。斯尔尼塞克和威廉姆斯指出，未来观念崩溃是我们时代衰退的症候，无法形成新的激进的经济、政治、组织和社会观念是我们今天的政治难题。作为全球主流意识形

① Nick Srnicek and Alex Williams, *Inventing the Future: Postcapitalism and a World without Work*, London: Verso, 2015, p.29.

态，新自由主义将自己作为现代性的媒介，在字面上意义上作为现代性的同义词，实际上却歪曲篡改"现代性"概念，以自己的狭隘视野主宰关于未来、进步、自由、普遍主义的话语体系，以其霸权地位消除认识上的创新、削弱人的主体性存在，经济和技术进步被严格限制在资本增殖的参数范围。面对金融危机，右翼政党继续推行僵化的新自由主义政策，却给经济和社会带来更加消极的后果。左翼政党也只是退回到凯恩斯主义，提不出替代性的方案，却罔顾战后社会民主主义存在的条件已经发生极大变化。曾经的左翼充满创造未来的乌托邦激情，以彻底改造社会为目标，如今也沦为社会边缘的修修补补，在新自由主义的挤压中失去了政治想象力。最紧迫的问题是，当代主流左翼的社会运动不加批判地吸收民间政治思想，偏好直接性、自发性、地方性、防御性的行动策略，将暂时、局部、小规模的变化当作成功的前景，预先假设了我们无法进行大规模的集体性的社会变革，从而拒绝了在更大范围内与资本主义权力抗衡，充斥着一种深深的悲观主义和失败主义。过去一百年来主导的政治制度、社会运动，似乎不再能够带来真正的社会变革。

左翼加速主义政治希望打破政治僵局和当下的停滞状态，恢复被新自由主义资本主义摧毁的未来观念，首先就要重新夺回左翼对未来的领导权，并树立一个比资本主义更为现代的未来的雄心壮志，更新政治思维方式和升级政治行动策略，以超越民间政治的新战略来重建政治权力和组织结构。正如奈格里评论的那样："这一宣言对现有的社会主义、社会民主主义以及2011年以来的社会运动的批判无疑是及时的。它有力地强调了资本主义发展的趋势这一主题，以及重新挪用并打断这一趋势的必要性；并在此基础上推进了共产主义事业的建构。”[①]

其二，当代经济中最具活力的一个领域是数字经济，对数字经济和数字技术的关注和研究也是当下社会研究最为活跃和紧迫的领域。左翼加速主义者在对当代数字经济现实的考察和审视中，敏锐地捕捉到数字技术对资本积累的新影响，创造性地提出“平台资本主义”，指认其是数字经济时代的典型形态，是资本积累的新途径。斯尔尼塞克指出，21 世纪资本主义发展重心已经转向数据，“数据即财富”，能够提取和控制数据的平台在数字技术的支持下已经成为引领和控制行业的新商业模式。面对数字时代的新现象，斯尔尼塞克批评现有关于新兴数字技术和新兴经济趋势的评论，认为它们或忽视了所有权和营利能力的经济问题，或撇开了资本主义制度的经济历史和必要性，或不重视对更广泛的经济趋势和资本竞争的分析。[②]

通过对经济危机和重构历史的考察，斯尔尼塞克主张，把新兴的平台经济置于资本经济体系的历史大背景下，从市场竞争和营利驱动这两个广义参数中分析平台经济。以此为基础，他概述了平台的运行模式和对更广泛的经济影响，从中揭示不同类型的平台都被资本家占有，仅是资产阶级数字经济时代产生利润的手段，并总结了平台经济在竞争和垄断方面的新方式。平台表面上意图构造一个经济共享的发展图景，似乎迎来了“网络访问时代”或所有权终结的时代，实质上资产阶级却是平台所有者。受资本主义生产关系摆布的数字技术和平台是资本增殖优化和资本积累更新的工具，它并不

① Antoni Negri, Reflections on the Manifesto, in Robin Mackey and Armen Avanessia(eds.), *Accelerate: Accelerationist Reader*. Falmouth, U.K.: Urbanomic, 2014, pp.372–373.

② [加]尼克·斯尔尼塞克：《平台资本主义》，程水英译，广东人民出版社，2018 年，第 2~3 页。

会开创新的体制，也难以改变经济长期低迷的状况，反而会巩固平台垄断趋势和强化资本权力控制，加剧数字社会的撕裂，将人类导向不平等、冲突和混乱的未来。平台资本主义是左翼加速主义者对数字时代资本主义新进展的创新性界定，在竞争和营利参数下将基于数字技术的平台经济的过去、现在和未来串联起来，充分展现了少数垄断平台如何快速瓜分经济基础，有利于我们科学地认识和把握数字经济。

其三，左翼加速主义者指出生产过程逐渐自动化是世界资本主义危机的证据，这种危机的表现形式就是工作危机和任何以雇佣劳动制为基础的社会危机，这是左翼加速主义对社会发展趋势的新认识。长期以来，人类被资本欲望塑造，劳动过程被资本增殖要求驱动，技术进步和经济发展没有减少工作时间、减轻工作压力，反而越来越挤占人们的休息、娱乐时间，工作和生活的界限越来越模糊，“影子工作”大量出现。左翼加速主义从现代人最关心的工作问题出发，指出快速的自动化、长期的紧缩政策、金融危机影响等多种因素叠加预示着一场工作危机，表现为过剩人口增加、不稳定因素增加、贫民窟扩大，以及由于不断增加的过剩人口而强化社会管理措施，工作危机与社会强制的恶性循环将对现存社会秩序造成威胁。此外，在资本社会的规训下，工作对现代人的社会生活和自我认知至关重要，工作是现代人的身份标识已经成为共识，日用不觉的工作伦理已经成为人们认知和行为的准则。斯尔尼塞克和威廉姆斯严厉批判了工作伦理的虚伪性和压迫性，指责资产阶级让人们将工作视为人生的目的，将苦难与报酬挂钩来强化工作的必要性，却制造了大量失业和无意义的工作，使人们不断陷入疲惫、焦虑、压力和沮丧中。

左翼加速主义者直面现代人的生存境遇和社会关切，揭露即将到来的工作危机和工作伦理的实质，并提出可以利用工作危机节点颠覆资本权威和资本逻辑至上的工作秩序，超越传统的社会管控。这有利于启发人们重新思考工作的必要性和意义，动员人们从工作与生活的混沌中解放出来，创造在工作之外重新生活的条件，真正实现为生活而工作的美好愿景。

（二）开辟新视角：推动社会批判理论的新进展

作为加速主义思想谱系中的一支，左翼加速主义者同样追求技术带来的巨大能量，将技术加速看作社会变革的杠杆。在理论上，他们把马克思看作典型的加速主义思想家，认为“机器论片段”蕴含着加速机器技术摧毁资本制度和实现人的自由解放的伟大见解。在实践上，自动化、智能化、数字化等现代科学和技术基础设施的快速发展极大改造着社会生产和生活形式。加速技术发展和重塑技术方向是左翼加速主义思想的鲜明和激进特征，指明了一条不同于卢卡奇、法兰克福学派的资本主义批判和社会解放路径，不仅深化了对资本主义变化的新认识，也拓宽了社会批判的理论视域。

西方马克思主义左翼知识分子大多将资本社会批判的对象指向机器大工业和科学技术，认为机器技术成为一种统治性的力量凌驾于人之上，科学技术的异化导致人的异化，与这种异化力量保持距离，并将人从其控制下解放出来便成为他们批判资本主义的重要维度。比如，卢卡奇在 M. 韦伯的合理化思想和马克思的商品拜物教的基础上提出物化理论，批判资本社会中物与物的关系掩盖了人与人的关系，以及人的劳动创造物反过来控制人，认为科学技术是资产阶级统治的帮凶[①];又比如,《启蒙辩证法:哲学断片》是法兰克福学派技术理性批判理论的代表著作,霍克海默和阿道尔诺批判了以技术理性主义为基础的现代工业社会,认为理性和科学技术本身已经从解放的力量异化为奴役自然和人的工具,科学技术和工业文明的进步是导致社会病态和人性堕落的罪魁祸首[②];再比如,马尔库塞关于单向度的人和单向度的社会的经典论述的背后逻辑,同样是对现代工业技术进步的批判,认为技术强化了资本积累和政治统治的力量,警告要提防技术拜物教[③];还比如,哈贝马斯认为,晚期资本主义社会的技术与科学既是第一生产力,又作为新的意识形态,这种技术统治的隐形的意识形态成为资产阶级政治统治合法性的基础,并渗入非政治化的广大领域,损害了人类的解放需求[④]。

大抵而言,以上对科学技术的物化批判、工具理性批判、意识形态批判、社会加速批判,都将科学本身作为当代社会问题的根源,与资产阶级的斗争似乎变成了对科学技术的质疑和排斥,似乎阻止了技术加速运动就击败了资本自身。然而现实生活中的一切都被加速裹挟,任何试图阻止资本生产和技术加速的抵抗策略都显得无能为力,最终陷入悲观的浪漫主义。

左翼加速主义者认为,多数传统西方马克思主义者的批判路径可能从一开始就错了,社会批判还存在其他可能性,并提供了一种完全不同的批判

---

① [匈]卢卡奇:《历史与阶级意识》,杜章智、任立、燕宏远译,商务印书馆,2018 年。

② [德]马克斯·霍克海默、西奥多·阿道尔诺:《启蒙辩证法——哲学断片》,渠敬东等译,上海人民出版社,2003 年。

③ [美]赫伯特·马尔库塞:《单向度的人——发达工业社会意识形态研究》,刘继译,上海译文出版社,2006 年。

④ [德]尤尔根·哈贝马斯:《作为"意识形态"的技术与科学》,李黎、郭官义译,上海学林出版社,2000 年。

方式——加速主义。不同于大多数左翼知识分子对待技术的态度，斯尔尼塞克和威廉姆斯表示，技术生产力的发展是不以人类意愿为转移的，它的加速终将冲破资本生产关系的束缚。在对马克思文本的重新解读中，他们将马克思作为典型的加速主义思想家，认为他并不反对现代性和先进的科学技术，也不主张反转资本主义和退回到前资本主义，他的目标是让资本社会创造的加速的物质力量对准资本自身，认为资本社会制度有自身的界限，为了最大限度地实现价值增殖会解放技术，但一旦技术加速威胁了资本统治和治理秩序，短视的资产阶级就会使用社会公理体系压制技术加速进程，将其控制在资本可控的范围内。所以这种条件下的技术加速是以牺牲人类社会真正的加速为代价的。在他们看来，资本社会批判不应等同于科学技术批判，科学技术的潜力是无限的，其中还有很多尚未被发掘，这些潜力是可以从内部击垮资本社会制度的巨大能量。而且资产阶级越压制技术生产力，越将技术应用到毫无作用的边缘革新上，越说明技术加速的力量正在超出资本的控制范围。当今技术发展的速度不是太快而是太慢了，政治左翼的未来就是加速再加速技术发展进程，直至冲破资本生产关系的桎梏，走向更为现代的未来社会。左翼加速主义显然延续了马克思内在性批判的逻辑，解放只能通过加速资本社会自身的发展来实现。

马克思曾批判，国民经济学家将“物”只规定为自然属性的“粗俗的唯物主义”的观点，认为“物”是在特定的社会关系中获得自身的规定性，而且在对机器的论述中强调，“决不能从机器体系是固定资本的使用价值的最适合的形式这一点得出结论说：从属于资本的社会关系，对于机器体系的应用来说，是最适合的和最好的社会生产关系”[①]。机器或技术作为一种客观性的存在，可以是资本增殖的手段，也可以成为无产阶级对抗资产阶级的武器，成为普通大众集体性反抗的物质力量。和马克思一样，斯尔尼塞克和威廉姆斯承认，资本社会制度仍然是目前最先进的经济体制，而且其所有体系都与加速主义观念相关。因此，他们的目标不是摧毁资本社会创造的技术成就和物质平台等物质性力量，而是把发展起来的一切科学技术成就作为走向未来社会的跳板，在物质进步和技术加速进程中与资产阶级争夺社会技术主导权，以未来社会的目的重新分配资源，将技术进步导向公共目的。在大数据和计算机建模基础上，通过大量的经济实验和社会实验改变技术基础设施的资产阶级占有和支配，让生产、金融、物流和消费的物质平台服务于全人类的活动，实现集体自我控制。

面对现代科学技术及其基础设施，左翼加速主义者的态度不是消极地否定、拒绝或后退，而是主张加速、加速再加速，将其变成由大众控制、服务于公共目的积极的革命性力量，加速走出当前的停滞状态。加速技术发展和重塑技术方向是左翼加速主义最鲜明、激进的方面，其激进的立场和观点虽在西方学界引发诸多争议，但加速主义话语的引入，在一定程度打破了西方左翼对待技术加速的传统立场，推动其在当代社会的新发展。

（三）创造新未来：对社会解放的有益探索

批判不是为批判而批判，而是在批判中进行超越。大多数西方左翼学者

---

① 《马克思恩格斯文集》（第八卷），人民出版社，2009年，第188页。

热衷于提出问题，而不擅长解决问题。与之不同，左翼加速主义者论证了资本社会制度的不合法性，也明确表示新自由主义尽管今天看起来很安全，但并不能保证未来的存在，左翼应该为社会替代方案作准备，发明和阐述接下来会发生什么。在新自由主义政治意识形态占主导、左翼政治力量陷入颓势的境况下，左翼加速主义者积极探索社会解放方案，对未来社会的战略规划进行了积极思考和有益探索。

其一，明确当今左翼的基本任务是阐述和实现一个更美好的未来。斯尔尼塞克和威廉姆斯认为，憧憬和建构更美好的未来一直是左翼的政治优势。在20世纪的大部分时间里，政治左翼的视野中聚集了各种各样的解放愿景，这些美好愿景往往源于大众政治权力和技术潜力解放的综合。20世纪左翼的想象远远优于我们今天梦想的任何东西，而21世纪的科学研究和技术基础设施使左翼的那些美好的解放愿景，在物质上比历史上任何时期都更容易实现。然而未来观念已经被新自由主义摧毁，这是我们时代衰退的症候。左翼在新自由主义三十多年的挤压下被剥除了激进思想，丧失了政治想象力，失去了建设更美好未来的能力。通过大众对技术的政治控制，我们将共同改变我们的世界，使其变得更加美好。斯尔尼塞克和威廉姆斯表示，21世纪科学技术所固有的乌托邦潜力不能继续受限于资产阶级的狭隘想象，我们必须将集体想象力扩展到资本制度所允许的范围之外，不应满足于人类寿命、计算机能力和自动化技术的微小改进，而应该动员经济脱碳、太空旅行、自动化经济——所有这些都是科幻小说的传统试金石——的梦想，根据最先进的科学技术重新思考20世纪经典左翼的要求。

阐述和实现一个美好的未来，首先要改变新自由主义限制人们集体想象的现状，唤醒人们的乌托邦思想和激情，恢复左翼雄心勃勃的政治想象力，摒弃新自由主义既定的未来参数，调动对当下的批判性观点，以打开新的可能性视野，并引导这些乌托邦思想转化为变革现实社会、走向大外部世界的力量。为此，斯尔尼塞克和威廉姆斯提出了一系列建构另类未来愿景的目标和建议，如后工作社会、经济全自动化、缩短工作周、全民基本收入、工作不再是必需、合成自由、公共数字平台，等等。而且这些乌托邦式的目标和建议并不是空想，而是基于日常生活经验，是建立在大众非常真实的愿望之上的，如对工作状况的厌恶、对雇主的愤怒、对福利政策的失望、对自由的渴望，等等。这些乌托邦需求让我们进一步质疑我们世界的既定事实，在一定程度上激发起人们超越现存给定性的欲望和冲动。左翼要做的就是利用和引导社会中已经存在的思想、渴望和动力，动员并承诺实现那些与基本议程相一致的东西，以打破了习惯和既定秩序的同意，提供了一种摆脱旧秩序、实现新未来的希望空间。

其二，明确推翻新自由主义、建构未来社会的新战略。斯尔尼塞克和威廉姆斯表示，过去的社会变革策略或社会行动取得了些许成就，但并没有达到预想效果。迈向更美好未来的进步来自深思熟虑的反思和有意识的行动，而当今左翼缺乏对任何特定行动的优点和局限的战略反思。抗议、游行和占领通常在没有任何总体战略愿景的情况下进行的，只是作为分散而独立的抵抗，很少考虑如何将不同的行动结合起来，以及它们如何共同发挥作用以建设一个更加美好的世界。今天，我们的世界变得更加复杂、抽象、非线性和全球化，任何超越资本主义的规划都必须创建新的认知图示、政治叙事、技术接口、经济模型和集体控制机制，以便能够整合复杂抽象的现象和产生抵抗全球资本的持久力量。鉴于新自由主义固有的扩张性,只有另一种扩张性和包容性的抵抗策略才能在全球范围内打击和取代资本社会制度。左翼加速主义者必须扭转当今主流和激进左翼正在走向民间政治极点的趋势,重新思考一种超越民间政治思想的社会变革方式。为此,斯尔尼塞克和威廉姆斯通过吸收葛兰西、拉克劳与莫菲的理论资源和社会主义革命的理论规划,参鉴新自由主义建构的成功经验,制定了建构未来社会的反霸权战略,与资产阶级争夺文化、知识、社会技术领导权,全方位改变新自由主义资本主义的意识形态和物质基础设施,并以民粹主义政治逻辑凝聚不同社会行动力量和组织。

相比民间政治拒绝世界复杂性的行动策略,左翼新战略希望扩大人类的能力以对抗全球化资本的抽象暴力。它立足左翼加速主义政治的总体战略愿景,并打破了一套日益教条主义的、失去效力的制定政治战略和组织社会运动的原则,提供了一套旨在颠覆新自由主义且比传统左翼策略更具感召力的社会策略,它是广泛的、长期的、灵活的。正如奈格里评论的那样:“它为共产主义运动赋予了新的形式。这里的‘形式’指对事物的建构性安排,它以打破国家的压抑性、等级性视角(这正是如今资本主义力量的特征)为目的,包含着丰富的可能性。问题不在于废除国家形式,而是要激发起对抗权力(potere)的潜力(potenza),用生命政治(biopolitics)对抗生命权力(biopower)。这一激进的对立暗含着颠覆性实践唯一合理的前提,即一种与当前资本统治相反的、解放性未来的可能性。”[①]左翼新战略是当今左翼在新自由

① Antoni Negri, Reflections on the Manifesto, in Robin Mackey and Armen Avanessia(eds.), *Accelerate: Accelerationist Reader*. Falmouth, U.K.: Urbanomic, 2014, p.366.

主义轨道上试图超越资本主义的政治构想，是左翼在后金融危机时代规划加速主义激进政治的重要尝试，对如何与一个已经被广泛地认为是社会常识而不是被广泛地认为是压迫的权力进行斗争这一问题给出了新的回答，丰富了无产阶级革命策略。

其三，明确左翼建构未来新社会的长期性。《〈政治经济学批判〉序言》中有一个经典论断：在人类历史上，“无论哪一个社会形态，在它所能容纳的全部生产力发挥出来以前，是决不会灭亡的；而新的更高的生产关系，在它的物质存在条件在旧社会的胞胎里成熟以前，是决不会出现的。”[①]左翼加速主义者坚持马克思在社会历史发展进程上的辩证法。他们一方面揭示了资本主义不会永远持续下去和技术加速冲破资本体系藩篱的历史趋势；另一方面又指出向社会的转变意味着社会制度的更替，是扭转全球资本潮流、动摇资本生产方式根基的彻底变革，将面临更多的艰难险阻，需要更长期的准备。20 世纪，以朝圣山学社为中心的新自由主义思想团体也是耐心筹划了四十多年，才等到了凯恩斯主义危机和撒切尔与里根的出现，又经过若干年才使新自由主义从一种边缘理论发展为全球主流意识形态。相比于新自由主义取代凯恩斯主义这种社会制度改良，左翼加速主义政治的目标不是对社会的修修补补或边缘革新，而是引导当前的技术、经济、政治、社会、文化等霸权走向超越雇佣劳动制的新的平衡点，这需要在多个方面进行长期和实验性的探索，需要在各种社会子系统中建立不同形式的领导权。

危机是革命的催化剂，新世界有望在旧世界的缺口上被创造出来。然而

---

① 《马克思恩格斯文集》(第二卷)，人民出版社，2009 年，第 592 页。

斯尔尼塞克和威廉姆斯清醒地认识到，左翼利用全球金融危机的时机已经错过，一系列强大的力量已经被投入维持新自由主义现状中，而左翼力量在过去几十年里又遭遇了毁灭性的打击。新兴的平台经济为社会发展带来的新趋势却对建构后资本主义社会的政治构想造成了极大挑战，数字技术的加持使资本以更新、更锐化的方式巩固自身力量，改变当下的政治条件和重建左翼权力更加困难。资本主义社会不会一下子消失，新社会也不会在某个时刻突然出现，任何类型的社会变革都需要时间。实现未来社会是从根本上改变社会的问题，左翼必须着眼于长期变革，从抽象的可能性思考行动策略并耐心营造更好的政治条件。

二、左翼加速主义思想的逻辑缺陷

左翼加速主义是当代社会批判浪潮中的一股激进支流，其对西方社会的批判和对社会解放方案的构想，既蕴含了加速主义的激进话语，又在一定程度上体现了马克思的政治经济学。不可避免的是，左翼加速主义思想显示出一些固有的逻辑缺陷，对马克思机器论的理解不够全面，对平台经济的批判不够彻底，建构未来社会的战略让人耳目一新，但细究来看，却透露着思辨和空想色彩。

（一）对技术生产力认识的不全面性

技术加速是社会加速中最具象、最易被观察到的内容，也是生产加速和社会加速的动力引擎，追求技术加速带来的巨大能量也是加速主义的一贯信念。左翼加速主义思想最鲜明的特征是回归马克思的理论尝试，斯尔尼塞克和威廉姆斯视马克思为典型的加速主义思想家，将“机器论片段”作为马克思重要的加速主义思想文本。他们关注到马克思以机器技术为杠杆超越资本价值体系的理论价值，认识到机器技术生产力在破坏旧的社会关系和建构未来新社会中的积极作用，结合今天科学技术的发展成就，得出结论：技术生产力中蕴藏着尚未开发的巨大潜能，而资本增殖目标限制技术生产力，技术加速可以创造出超越资本社会关系的另一个世界。斯尔尼塞克和威廉姆斯对“机器论片段”的解读在第三章已作过阐述，在此不再赘述。左翼加速主义的理论探索当然有其可取之处，但不可否认的是，它对马克思机器论和技术生产力的认识视野不够全面。1857 年 7 月至 1858 年 10 月完成的《1857—1858 年经济学手稿》是马克思科学剖析资本生产方式的直接起点，在马克思的整体思想发展中有着特殊地位和重要价值，但它对资本生产本质的认识尚不成熟。1861 年之后开始写作的《资本论》第二稿（《1861—1863 年经济学手稿》），才是马克思科学分析资本运行机制、全面彻底批判的成熟著作。因此，左翼加速主义者只推崇“机器论片段”却忽视后期《资本论》手稿中的机器论点，必然存在对马克思文本的选择性、片面性解读。

其一，马克思在“机器论片段”中将直接劳动作为资本生产的决定性力量，并与使用价值挂钩。机器大工业带来的大规模机械化生产冲击着直接形式的劳动，生产过程中对科学技术的普遍运用使其在社会财富的创造中占据愈发重要的位置，一般智力与直接劳动逐渐分离，结果是以交换价值为基础的生产体系崩溃。1857 年的马克思对劳动二重性和劳动价值论的认识尚不成熟，后期在《资本论》中他明确指出，具体的有用劳动形成商品的使用价值，构成现实财富的物质内容，抽象的人类劳动形成商品的价值，二者共同构成资本生产体系的基础。商品是用来交换的劳动产品，“商品交换关系的明显特点，正在于抽去商品的使用价值”[①]。所以交换价值表现为商品的价值，与它们的使用价值完全无关。自动的机器体系是一般智力的物质承载体，其在生产中的广泛应用极大提高了生产力，但“生产力的变化本身丝毫也不会影响表现为价值的劳动。既然生产力属于劳动的具体有用形式，它自然不再能同抽去了具体有用形式的劳动有关。因此，不管生产力发生了什么变化，同一劳动在同样的时间内提供的价值量总是相同的”[②]。作为抽象劳动的体现，科学技术或一般智力与直接劳动的分离并不代表与劳动的分离，也无法摧毁交换价值生产体系，反而会强化劳动剥削和资本统治而不是相反。所以左翼加速主义者对生产过程的逐渐自动化是世界资本主义危机的证据的断言，以及即将到来的工作危机将动摇雇佣劳动生产的根基的论点，都值得商榷。

其二，资本主义生产不仅是劳动过程，还是价值增殖过程，且后者是资本家使用机器的主要目的，故自动的机器体系在生产中的应用，虽然会冲击直接劳动，但不会解放劳动。斯尔尼塞克和威廉姆斯只关注到“机器论片段”中资本利用机器体系将劳动时间降低到最低限度的观点，却故意忽视马克思在其中明确指出的，“最发达的机器体系现在迫使工人比野蛮人劳动的时间还要长，或者比他自己过去用最简单、最粗笨的工具时劳动的时间还要

① 《马克思恩格斯文集》（第五卷），人民出版社，2009 年，第 50 页。

② 《马克思恩格斯文集》（第五卷），人民出版社，2009 年，第 60 页。

长"[①]。在《资本论》中，马克思对资产阶级使用机器有了进一步认识，表明由于资本家通过无限度延长工作日来生产绝对剩余价值的做法，受到越来越多法律的限制和工人的反抗，资本家就开始另谋出路，通过在既定时间内加快机器运转速度和增加工人看管机器的数量来生产相对剩余价值。在这种生产方式下，机器的使用使得"缩短劳动时间的最有力的手段，竟变为把工人及其家属的全部生活时间转化为受资本支配的增殖资本价值的劳动时间的最可靠的手段"[②]。而且工人劳动的物质条件极其恶劣，机器密集的工厂就是"温和的监狱"，劳动消耗和劳动强度的加大对工人的一切感官甚至生命造成威胁，机器体系的应用在内涵和外延两方面都加剧了资本对劳动者的剥削。随着劳动对资本从形式上的从属转向实际上的从属，工人的劳动时间和劳动强度不减反增。只要资本生产关系存在，劳动就无法得到彻底解放。左翼加速主义者试图在资本社会关系内部利用自动化技术、经济全自动化加速机器替代人工的趋势，将人类从繁重的劳动中解放出来的设想，似乎不太可能。

其三，在加速主义的论域中，技术加速是社会变革的杠杆，资本增殖限制技术能力发展，新的社会必须通过加速破坏原有系统才能出现，无论是右翼还是左翼，加速主义都主张无限制加速技术进步。区别在于，右翼将加速任务赋予资本主义，技术加速限定在资本参数内；左翼则希望发展超越资本价值体系和治理框架的真正的加速模式。然而技术只是生产力的表现形式之一，技术加速并不必然等于生产力加速，生产力加速也不必然等于人类历

---

① 《马克思恩格斯文集》(第八卷)，人民出版社，2009年，第200页。

② 《马克思恩格斯文集》(第五卷)，人民出版社，2009年，第469页。

史进程的加速。试图通过技术加速达到危机节点，突破资本屏障过渡到未来社会的这一设想，显然陷入了违背客观规律、按自我目的任意建构历史的误区。奈格里就曾批评说："《宣言》低估了生产的合作性维度的重要性（也更低估了主体性的生产），它倾向于认为技术和物质性因素不仅决定了生产力，也是劳动力的一切人类学变革的推动力。"[①]左翼加速主义者显然对技术加速持过于乐观的态度。按照历史唯物主义的观点，人类社会历史的发展是有规律的，生产力和生产关系的矛盾运动是推动人类社会历史发展和社会形态更替的根本动力。在资本主义社会关系中，技术加速可以加速资本主义某些方面的发展，但不能加速其社会基本矛盾的激化，更不能加快人类社会历史的发展进程。左翼加速主义者显然没有搞清楚技术、生产力、生产关系之间的复杂关系，不了解不首先摆脱资本关系束缚的技术加速只会局限于资本主义既定参数，并强化资本社会统治体系。因而离开社会矛盾运动的规律和动力来谈社会加速，这种社会解放方案仍然停留在主观预设的层面。

（二）对平台经济批判的不彻底性

科学技术的快速变化使得社会生产方式在不同时期呈现不同的样态。21 世纪，在数字技术变革的基础上，我们的社会进入数字经济时代，左翼加速主义者敏锐关注到当代社会的经济新现象和新趋势，指出平台成为一种新兴商业模式并扩大到整个经济体系，数据成为经济增长的驱动力。斯尔尼塞克以"平台资本主义"命名生产方式在数字经济时代呈现的新样态，一种

① Antoni Negri, Reflections on the Manifesto, in Robin Mackey and Armen Avanessia(eds.), *Accelerate: Accelerationist Reader*. Falmouth, U.K.: Urbanomic, 2014, p.375.

以平台——数字化基础设施——为中介提取作为新的原材料的数据，并通过多种方式使用数据，产生利润和实现资本积累的经济模式。斯尔尼塞克从广义的资本经济体系背景分析数字技术和平台的出现，概述平台的运行机制和垄断趋势。尽管左翼加速主义者看到了生产方式在数字时代的新进展、新变化，但其对平台经济的批判是不彻底的，我们可以从以下两个方面进行分析：

一方面是从马克思的政治经济学批判。自资本主义社会诞生起，对其批判就在不同维度展开，大致有浪漫主义批判、改良主义批判、空想社会主义批判三个维度。马克思在反思和超越以往哲学家批判理论的基础上，经历了从人本学到政治经济学的视域转换，从劳动异化到一般物质生产再到资本生产的逻辑转换。《1844 年经济学哲学手稿》时期，马克思从先验预设的人的自由自觉的类本质出发评判现实，剖析劳动异化在现实生活中取代劳动对象化的过程，思辨地批判资本主义社会中“物的世界的增值”和“人的世界的贬值”的异化关系，这是一种外在的伦理批判范式。《德意志意识形态》时期，马克思创立了历史唯物主义，完成了第一个伟大发现，从斯密的一般社会分工逻辑出发，剖析物质生产过程中人与人的关系颠倒为物与物的异化关系，揭露“现代资产阶级社会”的剥削本质。《资本论》时期，马克思深入资本生产过程内部，发现了生产方式的秘密——剩余价值理论，完成了第二个伟大发现，辩证分析作为生产关系的资本的运行机制，建立起政治经济学批判的科学范式。

马克思的批判以资本逻辑为核心展开，最大限度地生产剩余价值的资本逻辑，用商品交换关系粉饰了劳动剥削关系。在私有制下，劳动资料和劳动自身分离，劳动力成为商品，但劳动力商品是特殊的商品，其使用价值是价值的源泉。资本家购买的劳动力包括必要劳动和剩余劳动，工资只代表必要劳动的价值，剩余劳动生产的价值则被资本家无偿占有。工人在生产和再生产过程中不断将剩余劳动创造的价值对象化在资本家占有的劳动产品中，不断资本化，实现资本积累。如此，资本生产方式的内在秘密被和盘托出，即“按其本质来说，它是对无酬劳动的支配权。一切剩余价值，不论它后来在利润、利息、地租等等哪种特殊形态上结晶起来，实质上都是无酬劳动时间的化身。资本自行增殖的秘密归结为资本对别人的一定数量的无酬劳动的支配权”①。资本只有吸食活劳动才有生命，资本家对价值无限增殖的追求建立在对工人无限剥削的基础上。更重要的是，资本逻辑不仅支配社会生产和再生产过程，而且上升到国家层面成为占统治地位的权力关系。按照资本逻辑构建经济模式、政治建制、文化观念、社会生活，整个社会充斥着资本拜物教，加速和扩大资本增殖，进而巩固资产阶级统治。

斯尔尼塞克对平台经济模式的分析似乎只是对平台经济现象的描述，并未深入平台经济生产的内部去揭示平台利润的来源和数字经济阶段的基本矛盾。在他看来，在线用户进行的活动很难证明是劳动，并强调只有经过平台处理过的数据才会被资本化，纳入价值增殖过程，坚持“广告平台将数据作为一种原材料，而不是剥削无偿劳动”②。在这里，数据是数字经济生产的原材料，提取数据的平台似乎成了数字资本牟取利润的来源。这显然搁置了马克思劳动价值论和剩余价值论，致使其对平台资本的批判浮于表象而

① 《资本论》(第一卷)，人民出版社，2004年，第611页。

② [加]尼克·斯尔尼塞克：《平台资本主义》，程水英译，广东人民出版社，2018年，第63页。

不够彻底，这也是斯尔尼塞克被批判的原因之一。此外，斯尔尼塞克表示，以私有制为基础的生产关系所造成的不平等会进一步在平台中再现出来，典型的就是平台的交叉补贴会终止，越来越多的平台服务需要付费或以高价格提供私人定制服务。但这仅是基于竞争和营利层面的推论，并未深入剖析和揭示平台经济生产的矛盾所在。在马克思那里，资本自身是生产的最大限制，剥夺剥夺者只有在超越资本逻辑的条件下才是可能的。虽然斯尔尼塞克指出，生产、金融、物流和消费等物质平台被资本关系摆布，并试图通过争夺社会技术霸权，创建公共数字平台，将平台利用导向公共目的，或推动公共平台，利用平台数据和量化算法进行社会资源的再分配和民主参与，让大众拥有和控制平台，实现新的集体自我控制。但是在资本逻辑主导的社会条件下，缺乏技术的大众如何挪用平台基础设施，斯尔尼塞克并未作出回答。究其原因，囿于竞争和营利逻辑的平台经济分析，掩盖了资本生产深层次的基本矛盾和本质张力，对技术潜能的迷信，低估了资本逻辑主导的社会关系对数字技术和物质平台的吸纳能力和资本突破自身界限的再生产能力。不推翻私有制生产关系的技术生产力加速，就不可能冲破资本界限，更遑论重塑技术和平台应用的目的。其实，马克思对这些不彻底的做法早已给出判定："一句话，这些人想讨好一切人。他们特别致力于组织罢工，组织工会和生产合作社，却忘记了首要任务是通过政治上的胜利先取得一个唯一能够持久地实现这一切的活动场所。"①

另一方面是当代西方左翼学者对数字经济的批判。在西方社会，与左翼

① 《马克思恩格斯全集》（第二十八卷），人民出版社，2018年，第283页。

加速主义同时代的社会批判理论众多，鉴于与平台经济批判观点的可比性，本书只选取安东尼奥·奈格里(Antonio Negri)、克里斯蒂安·福克斯(Christian Fuchs)，这两位有代表性的西方左翼学者作为比较的参照点，在比较视域下着重分析平台经济批判的不彻底性。

奈格里是意大利自治主义的重要代表人物，因与其学生迈克尔·哈特(Michael Hardt)合著的《帝国——全球化的政治秩序》《大同世界》而闻名。他对数字信息化时代资本生产方式变化的认识是在“一般智力”框架下，围绕“非物质劳动”(也称“生命政治劳动”)这一核心概念展开的。斯尔尼塞克和奈格里都关注到了数字经济时代资本生产要素权重的变化，但两人对变化要素的界定存在分歧。斯尔尼塞克研究的焦点是数据，强调数据和知识的区分，认为前者是关于事情是什么的信息，后者是关于为什么的信息，“数据可能涉及知识，但这不是必要条件”[①]，且否认数据是非物质的，数据的收集处理需要物质基础设备的支撑。与之不同，奈格里表示，数字经济时代的生产主要是非物质生产，劳动从马克思时代的物质形态开始转换为信息时代的非物质形态，即“非物质劳动”——“生产非物质产品，譬如知识、信息、交往、关系或者情感反应的劳动”[②]，这是社会财富和价值创造的源泉。一般智力在生产中没有凝结在机器体系，而是通过语言、交往、情感网络进行合作互动，内化为劳动者自身素质，体现为人类劳动的直接活动。奈格里在生命政治视域下，批判了资本在信息化资本主义社会环境下对非物质劳动支配关系的

---

① [加]尼克·斯尔尼塞克：《平台资本主义》，程水英译，广东人民出版社，2018年，第45页。

② Michael Hardt and Antonio Negri, *Multitude: War and Democracy in the Age of Empire*, New York: The Penguin Press 2004, p.108.

变化，强调不受时空限制的非物质劳动在帝国中受到资本严格的控制、剥削和吸纳，但非物质劳动内在的均质性、情感化和互动性特征，使得劳动、一般智力有望摆脱资本束缚而社会化，私有制有望在非物质生产模式中被解体，诸众将在重新占有一般智力和社会财富的基础上，通过新的合作创造在帝国内部颠覆帝国的新力量。

福克斯是英国著名的传播学马克思主义者、威斯敏斯特大学教授，代表作品有《数字劳动与卡尔·马克思》《在数字资本主义时代重读马克思》。他聚焦传播政治经济学领域，提出“数字劳动”概念，将之作为理解当代数字经济的核心范畴。他从工作和劳动两个范畴来重新解读马克思的劳动概念，认为前者是人类学意义上的一般性概念，后者是具体社会形态下的历史性概念，并指出特定形式的信息工作（即数字工作）在资本主义社会异化成了数字劳动。斯尔尼塞克承认用户的在线活动是数据的天然来源，但不赞成“无偿劳动”，强调只有经过平台处理的数据才会被纳入资本增殖过程。福克斯则表示，互联网产销者在网络平台进行浏览、点击、发帖、社交、购物、订阅等在线行为，都属于数字劳动，是为平台生产数据和剩余价值的生产性劳动，却被平台企业无偿占有转化为可交换的数据商品并从中获利。产销者的无偿数字劳动是平台企业利润的直接来源，花费在社交媒体平台上的所谓休闲时间，实质上是为资本创造价值的生产性时间。因此，既然数字劳动是异化的数字工作，那么“退出数字劳动、克服异化是摆脱网络危机和经济剥削的唯一出路，以共有的逻辑替代资本的逻辑，把数字劳动转变为数字工作”[①]。

① Fuchs C, *Digital Labour and Karl Marx*, New York: Routledge, 2014, p.281.

劳动价值论是理解资本生产方式的基础，是揭示物与物背后的人与人的关系的理论工具。相比于斯尔尼塞克囿于竞争和营利参数，将平台经济理解为一种新的商业模式，且对平台利润来源的避而不答，奈格里和福克斯的批判似乎更进一步。他们的关注视点是劳动形态在数字时代的变化，明确表明非物质劳动和数字劳动才是剩余价值创造的源泉，并从劳动解放的内在领域寻找革命的可能性。尽管他们或没有触及劳动价值的实质问题，或存在对马克思劳动价值论一定程度的偏离。

（三）对民粹主义抱有不切实际的幻想

左翼加速主义批评尼克·兰德只靠技术加速就可以自动克服社会矛盾和实现全球变革是技术乌托邦倾向，以及将人类视为星球上智能发展阻碍的反人类主义，宣布技术加速和社会行动是结合在一起的，完成了对右翼加速主义的加速主义批判。在社会行动的规划上，左翼加速主义者拒绝经典革命策略，而是基于民粹主义政治逻辑，确定建构未来社会的主体力量、组织结构和斗争方式，但由于缺少历史唯物主义的方法论立场，这种激进策略既不能打破西方左翼的政治僵局，也无法达到预想的社会变革效果。

拉克劳与莫菲对马克思主义基本原则进行了解构，认为社会内部的阶级结构在新的时代条件下已经发生了重大变化，社会运动从政治对抗转向了民主运动，从而否定阶级概念和阶级斗争，主张扩大政治空间，强调社会斗争主体和斗争形式的多元化，并在一个开放的非缝合的社会中通过话语接合汇集一系列不同的民主斗争，这种政治策略极大影响了左翼加速主义政治。按照斯尔尼塞克和威廉姆斯的分析，无产阶级的基本条件在后福特制下正在成为越来越多人的特征，工人阶级在去工业化和经济全自动化中不可避免地失去权力，其作为革命主体的条件将不复存在，而不断增加的过剩人口将取代传统的工人阶级，成为建构未来社会的积极推动者。他们指出，传统左翼青睐的革命共同体仅提供了最小的凝聚力，阶级斗争不是唯一真正的斗争，主张通过民粹主义的政治逻辑将不同身份的群体和多元化的组织凝聚起来对抗共同的敌人并彻底改造社会。其中，需求是建立团结的关键中介，一种共同的语言和未来愿景对民粹主义运动至关重要。它可以在阶级身份破碎、分歧激增的时代使一系列分散的不满和需求保持一致，彼此之间又保持差异。这种政治策略可以避免民间政治行动的局限，实现更大范围的政治动员，并把当下时刻的对抗转化为替代新自由主义秩序的长期行动，实现群体行动的一致性和连贯性。

在马克思那里，人类社会的历史就是基于物质利益根本冲突的阶级对抗的历史，这种对抗性是作为物质生活条件的客观性对抗，是不以人的意志为转移的、由生产力水平决定的社会生产关系的对抗。然而左翼民粹主义政治逻辑在后现代主义的影响下，取消了马克思强调的本质主义的对抗，把对抗性置于个体之间的差异体系，理解为个体之间相互承认的斗争，退回到了马克思批评的“个人的对抗”。在实践上，阶级性的宏观政治对抗就变为自发性的微观权利争夺，暴力的敌我冲突变为多元主义的民主抗争，政治斗争变为不同身份主体之间为实现相互承认的协商行动，这种社会行动逻辑不可能指向资本社会制度体系的变革，只是对现存制度的一种改良。

左翼加速主义的社会行动策略具有斗争精神，并在一定程度上回归了马克思的政治革命旨趣，但受拉克劳和莫菲解构思想的羁绊，以富有多元性和差异性的过剩人口取代工人阶级,以组织生态系统取代特定组织,以民粹主义运动取代阶级斗争,致使其社会变革运动缺乏确定的主体和领导力量。正如米切尔·R. 劳伦斯(Michael R.Laurence)评论的那样:“我们今天的情况可能与马克思所处时代的不同。但是,今天的政治挑战依然存在,即马克思阶级主体的形成过程,一个既涉及局部又关乎全局的斗争过程。加速主义政治理论忽略了这一点。”[①]事实上,对于这种拒绝阶级斗争的社会行动的可行性,《共产党宣言》中就给出了答案,即“他们一贯企图削弱阶级斗争,调和对立。他们还总是梦想用试验的办法来实现自己的社会空想,创办单个的法伦斯泰尔,建立国内移民区,创立小伊加利亚,即袖珍版的新耶路撒冷。而为了建造这一切空中楼阁,他们就不得不呼吁资产阶级发善心和慷慨解囊”[②]。包括左翼加速主义在内的后马克思主义的最大特征是继承了马克思对资本主义的批判精神和社会主义目标,却通过激进化的解构与建构,以及对后现代主义理论的改造性运用,抛弃了社会主义革命的立场和原则,在后马克思主义框架下重新思考社会主义目标和策略,确立新的解放模式。20 世纪 70 年代以来的反资本主义运动实践已经证明:这种试图取消基于利益冲突的阶级斗争而依靠多元主义力量的社会运动虽然能赢得些许权益,但不能取得实质性的成功。

无论社会形态如何变化,资本生产关系如何调整,只要私有制和雇佣劳动关系不废除,那么阶级仍是理解资本主义社会必不可少的概念工具,阶级

---

① Michael R.Laurence, Speed the Collapse? Using Marx to Rethink the Politics of Accelerationism, *Theory&Event*, 2017, Vol.20(2), p.418.

② 《马克思恩格斯文集》(第二卷),人民出版社,2009 年,第 64 页。

斗争仍是社会变革的有力杠杆。在数字经济时代,数字技术加持下的平台经济以更加锐利的方式巩固资本统治自身,对劳动的剥削和压迫更严重、更隐蔽,数字世界的分化日益加剧。在这种社会关系下,左翼民粹主义运动不能真正将被剥削的阶级从剥削阶级的统治中解放出来。左翼加速主义政治为我们图绘了一个美好未来的乌托邦愿景,但任何不彻底摧毁资本生产关系和阶级对立的社会行动,都不能为人类解放提供可行的方案,所设想的未来社会前景也终归只是一场乌托邦式的理论思辨。

参考文献

一、中文著作

1.《马克思恩格斯文集》(第一卷),人民出版社,2009 年。

2.《马克思恩格斯文集》(第二卷),人民出版社,2009 年。

3.《马克思恩格斯文集》(第三卷),人民出版社,2009 年。

4.《马克思恩格斯文集》(第四卷),人民出版社,2009 年。

5.《马克思恩格斯文集》(第五卷),人民出版社,2009 年。

6.《马克思恩格斯文集》(第六卷),人民出版社,2009 年。

7.《马克思恩格斯文集》(第七卷),人民出版社,2009 年。

8.《马克思恩格斯文集》(第八卷),人民出版社,2009 年。

9.《马克思恩格斯文集》(第九卷),人民出版社,2009 年。

10.《资本论》(第一卷),人民出版社,2004 年。

11. [德]阿多尔诺:《否定的辩证法》,张峰译,重庆出版社,1993 年。

12. [美]埃里克·布莱恩约弗森、安德鲁·麦卡菲:《第二次机器革命——数字化技术将如何改变我们的经济和社会》,蒋永军译,中信出版社,2019 年。

13. [意]安东尼奥·葛兰西:《狱中札记》,曹雷雨、姜丽、张跣译,中国社会科学出版社,2000 年。

14. 程党根:《游牧思想与游牧政治试验》,中国社会科学出版社,2009 年。

15. [美]大卫·哈维:《新自由主义简史》,王钦译,上海译文出版社,2010 年。

16. [法]大卫·M. 科兹:《新自由主义的危机》,魏怡译,中国人民大学出版社,2020 年。

17. [美]戴维·哈维:《后现代状况:对文化变迁之缘起的探究》,阎嘉译,商务印书馆,2013 年。

18. [美]道格拉斯·凯尔纳、斯蒂文·贝斯特:《后现代理论——批判性的质疑》,张志斌译,中央编译出版社,1999 年。

19. [英]恩斯特·拉克劳、查特尔·墨菲:《领导权与社会主义的策略》,尹树广,鉴传今译,黑龙江人民出版社,2004 年。

20. [英]恩斯特·拉克劳:《我们时代革命的新反思》,孔明安,刘振怡译,黑龙江人民出版社,2006 年。

21. [德]哈特穆特·罗萨:《加速:现代社会中时间结构的改变》,董璐译,北京大学出版社,2015 年。

22. [德]哈特穆特·罗萨:《新异化的诞生:社会加速批判理论大纲》,郑作彧译,上海人民出版社,2018 年。

23. [美]赫伯特·马尔库塞:《单向度的人——发达工业社会意识形态研究》,刘继译,上海译文出版社,2006 年。

24. 胡大平、张亮:《西方马克思主义的资本主义批判理论》,江苏人民出版社,2009 年。

25. 黄继锋主编:《西方左翼学者的马克思主义观》,中国人民大学出版社,2018 年。

26. [美]克雷格·兰伯特:《无偿:共享经济时代如何重新定义工作?》,孟波、李琳译,广东人民出版社,2016 年。

27. [英]克里斯蒂安·福克斯:《数字劳动与卡尔·马克思》,周延云译,人民出版社,2020 年。

28. 李慎明:《世界在反思:批判新自由主义观点全球扫描》,社会科学文献出版社,2012 年。

29. [匈]卢卡奇:《历史与阶级意识》,杜章智、任立、燕宏远译,商务印书馆,2018 年。

30. [法]路易·阿尔都塞:《保卫马克思》,顾良译,商务印书馆,1984 年。

31. [英]罗伯特·科尔维尔:《大加速:为什么我们的生活越来越快》,张佩译,北京联合出版公司,2018 年。

32. 罗文东:《当代西方资本主义理论流派研究》,安徽人民出版社,2008 年。

33. [德]马克斯·韦伯:《资本与理性》,吉林大学出版社,2005年。

34. 马永建:《现代主义艺术20讲》,上海社会科学院出版社,2005年。

35. [美]迈克尔·哈特、[意]安东尼奥·奈格里:《帝国》,杨建国、范一亭译,江苏人民出版社,2003年。

36. [加]尼克·斯尔尼塞克:《平台资本主义》,程水英译,广东人民出版社,2018年。

37. [英]欧内斯托·拉克劳、尚塔尔·墨菲:《社会主义战略,下一步在哪儿?》,载周凡、李惠斌主编:《后马克思主义》,中央编译出版社,2007年。

38. [法]热拉尔·迪梅尼尔、多米尼克·莱维:《大分化 正在走向终结的新自由主义》,陈洁译,商务印书馆,2015年。

39. [美]特里·伊格尔顿:《后现代主义的幻象》,华明译,商务印书馆,2014年。

40. [英]维克托·迈尔·舍恩伯格、肯尼斯·库克耶:《大数据时代:生活、工作与思维》,盛杨燕、周涛译,浙江人民出版社,2012年。

41. [美]亚伦·贝纳纳夫:《后稀缺:自动化与未来工作》,谢欣译,中译出版社,2022年。

42. 仰海峰:《西方马克思主义逻辑》,北京大学出版社,2010年。

43. [德]尤尔根·哈贝马斯:《作为"意识形态"的技术与科学》,李黎、郭官义译,上海学林出版社,2000年。

44. [以色列]尤瓦尔·赫拉利:《未来简史:从智人到智神》,林俊宏译,中信出版社,2017年。

45. 张一兵:《当代国外马克思主义与激进话语中的资本主义观》,江苏人民出版社，2009年。

46. 张一兵、周嘉昕：《马克思恩格斯资本主义科学批判架构的历史生成》，江苏人民出版社，2009年。

二、中文文章

1. 常江、史凯迪：《克里斯蒂安·福克斯：互联网没有改变资本主义的本质——马克思主义视野下的数字劳动》，《新闻界》，2019年第4期。

2. 陈晓：《加速理论视域下的“倍速播放”及其影像传播机制》，《当代电影》，2021年第3期。

3. 崔学东、曹樱凡：《“共享经济”还是“零工经济”？——后工业与金融资本主义下的积累与雇佣劳动关系》，《政治经济学评论》，2019第1期。

4. 董金平：《加速主义与数字平台——斯尔尼塞克的平台资本主义批判》，《上海大学学报》（社会科学版），2018年第6期。

5. 国吉、赵海月：《加速与异化的共鸣——对哈特穆特·罗萨“社会加速批判理论”的探析》，《西南大学学报》（社会科学版），2021年第4期。

6. 黄小惠：《论德勒兹的欲望微观政治学》，《中南大学学报》（社会科学版），2011年4月第2期。

7.［法］吉尔·德勒兹、菲利克斯·加塔利：《反俄狄浦斯·欲望机器》（上），董树宝译，《上海文化》，2015年第8期。

8.［法］吉尔·德勒兹、菲利克斯·加塔利：《反俄狄浦斯·欲望机器》（下），董树宝译，《上海文化》，2018年第8期。

9.[法]吉尔·德勒兹、菲利克斯·加塔利:《反俄狄浦斯·欲望机器》(中),董树宝译,《上海文化》,2016 年第 6 期。

10. 姜淑娟、关锋:《从数字悖论到加速转向——当代左翼加速主义批判进路及理论局限》,《广东社会科学》,2020 年第 3 期。

11. 姜淑娟、关锋:《数字时代的资本主义批判与加速启蒙——当代左翼加速主义思想探析》,《国外社会科学》,2020 年第 4 期。

12. 姜淑娟:《数字时代的劳动、技术与资本——基于"机器论片段"在当代左翼的两种解读路径》,《世界哲学》,2021 年第 3 期。

13. 焦佩:《论平台资本主义的变与不变——兼评左翼的解决策略》,《政治学研究》,2021 年第 2 期。

14.[英]克里斯蒂安·福克斯:《大数据资本主义时代的马克思》,罗铮译,《国外马克思主义研究》,2020 年第 4 期。

15. 克里斯蒂安·富克斯、劳拉·蒙蒂塞利、方闻昊:《重读马克思:资本主义批判与激进理论的未来》,《国外理论动态》,2019 年第 8 期。

16. 蓝江:《大数据时代的批判理论何以可能》,《当代国外马克思主义评论》,2021 年第 2 期。

17. 蓝江:《当代资本主义下的加速主义策略—— 一种新马克思主义的思考》,《山东社会科学》,2019 年第 6 期。

18. 蓝江:《交往资本主义、数字资本主义、加速主义——数字时代对资本主义的新思考》,《贵州师范大学学报》(社会科学版),2019 年第 4 期。

19. 蓝江:《可能超越社会加速吗?——读哈特穆特·罗萨的〈新异化的诞生〉》,《中国图书评论》,2018 年第 7 期。

20. 蓝江:《数字资本主义批判和重建无产阶级集体性——21 世纪国外马克思主义新趋势探析》,《华中科技大学学报》(社会科学版),2020 年第 6 期。

21. 雷禹、蓝江:《马克思主义与加速主义——兼论马克思〈政治经济学批判大纲〉“机器论片段”的当代价值》,《国外理论动态》,2019 年第 11 期。

22. 雷禹:《马克思主义与速度理论》,《广东社会科学》,2020 年第 3 期。

23. 李慧敏:《当代西方加速主义批判理论的哲学审视》,《内蒙古社会科学》,2021 年第 4 期。

24. 李江峰:《加速主义:技术激进主义的社会忧思》,《内蒙古社会科学版》,2021 年第 5 期。

25. 林云柯:《“快速”还是“加速”——“加速批判理论”作为视野》,《文艺报》,2020 年 7 月 13 日。

26. 刘秦民、马希:《当今国外左翼加速主义思想研究》,《广东社会科学》,2019 年第 5 期。

27. 马希、刘秦民:《生产“加速”:马克思与左翼加速主义批判的理论关涉》,《广东社会科学》,2019 年第 5 期。

28. 马希、刘秦民:《资本主义社会速度批判理论的逻辑架构探析——以左翼加速主义为例》,《世界哲学》,2021 年第 4 期。

29.[英]迈克尔·R. 劳伦斯:《加速崩溃?用马克思来重新思考加速主义政治学》,蓝江译,《郑州轻工业大学学报》(社会科学版),2021 年第 2 期。

30. 欧阳谦:《后现代主义思潮的兴起》,《教学与研究》,1996 年第 1 期。

31. 孙亮:《资本逻辑视域中的速度概念:对罗萨社会加速批判理论的考

察》,《哲学动态》,2016 年第 12 期。

32. 涂良川:《平台资本主义政治逻辑的政治叙事》,《南京社会科学》,2022 年第 2 期。

33. 王彬彬、李晓燕:《互联网平台组织的源起、本质、缺陷与制度重构》,《马克思主义研究》,2018 年第 12 期。

34. 王欢、杨渝玲:《平台资本主义的空间悖论及其消解》,《思想教育研究》,2023 年第 1 期。

35. 王庆丰、刘也:《"欲望生产"批判逻辑:德勒兹对资本主义的批判与救治》,《东北师大学报》(哲学社会科学版),2022 年第 4 期。

36. 王晓升:《资本主义的再辖域化和解辖域化——德鲁兹和瓜塔利视角中的资本批判》,《哲学动态》,2009 年第 5 期。

37. 王行坤:《工作伦理与不工作的政治——基于两首网络流行歌曲的考察》,《中国图书评论》,2019 年第 9 期。

38. 王行坤:《工作意识形态与后工作的未来》,《马克思主义与现实》,2018 年第 6 期。

39. 王行坤:《拒绝工作,寻求承认,还是走向后工作——国外左翼学者对劳动概念的重新考察》,《马克思主义与现实》,2021 年第 2 期。

40. 吴冠军:《速度与智能——人工智能时代的三重哲学反思》,《山东社会科学》,2019 年第 6 期。

41. 吴鑫:《左翼加速主义批判——兼论马克思的机器论片段》,《国外理论动态》,2020 年第 1 期。

42. 谢芳芳、燕连福:《"数字劳动"内涵探析——基于与受众劳动、非物质劳动、物质劳动的关系》,《教学与研究》,2017 年第 12 期。

43. 谢富胜、吴越、王生升:《平台经济全球化的政治经济学分析》,《中国社会科学》,2019 年第 12 期。

44. 熊晓琳、孙希芳:《〈政治经济学批判大纲〉"机器论片断"几个争议的辨析》,《理论视野》,2021 年第 6 期。

45. 杨慧民、张一波:《左翼加速主义的反霸权计划及其困限》,《马克思主义理论学科研究》,2021 年第 1 期。

46. 杨林:《工作危机及其出路——左翼加速主义的后工作世界构想》,《理论月刊》,2022 年第 7 期。

47. 仰海峰:《从西方马克思主义到后马克思主义的哲学逻辑转变》,《理论视野》,2009 年第 11 期。

48. 仰海峰:《欲望、生产和精神分裂症》,《天津社会科学》,2014 年第 6 期。

49.[美]伊曼纽尔·沃勒斯坦:《资本主义的新自由主义全球化阶段正走向终结》,路爱国译,《国外理论动态》,2008 年第 5 期。

50. 苑大勇:《第四次工业革命背景下加速主义与终身学习的发展愿景》,《成人教育》,2020 年第 10 期。

51. 张青兰、马希:《左翼加速主义视域下技术的教育社会学反思》,《华南师范大学学报》(社会科学版),2020 年第 2 期。

52. 张一兵:《西方马克思主义之后:理论逻辑和现实嬗变——西方马克思主义、后(现代)马克思思潮和晚期马克思主义》,《福建论坛》(人文社会科学版),2000 年第 4 期。

53. 郑吉伟、周晓博:《西方左翼加速主义探析》,《前沿》,2022 年第 3 期。

54. 郑作彧:《社会速度研究:当代主要理论轴线》,《国外社会科学》,2014 年第 3 期。

三、英文著作

1.Alex Williams, *Political Hegemony and Social Complexity, Mechanisms of Power After Gramsci*, Berlin: Springer International Publishing, 2020.

2. Benjamin Noys, *Malign Velocities*: *Accelerationism and Capitalism*, Winchester: Zero Books, 2014.

3. Benjamin Noys, *The Persistence of the Negative*: *A Critique of Contemporary Continental Theory*, Edinburgh: Edinburgh University Press, 2012.

4.Mark Fisher, *Capitalist Realism*: *Is There No Alternative?* Winchester: Zero Books, 2009.

5. Nick Land, *Fanged Noumena*: *Collected Writings 1987–2007*, Falmouth: Urbanomic, 2012.

6.Nick Land, *Shanghai Times*: *Introduction to Eternal Return and After Neomodernity*, Falmouth: Urbanomic, 2011.

7.Nick Srnicek and Alex Williams, *Inventing the Future*: *Postcapitalism and a World without Work*, London: Verso, 2015.

8.Paul Virilio, *Speed and Politics*, New York: Semiotext(e), 1986.

9.Robin Mackey and Armen Avanessian(eds.), *Accelerate*: *the Accelerationist Reader.Falmouth*, U.K.: Urbanomic, 2014.

10. Sunda Rajana, *The Sharing Economy*: *the End of Employment and the*

Rise of Crowd—based Capitalism, Cambridge: MIT Press, 2016.

四、英文文章

1. Alain Marciano, Antonio Nicita & Giovanni Battista Ramello, Big Data and Big Techs: Understanding the Value of Information in Platform Capitalism, *European Journal of Law and Economics*, Vol.50, 2020.

2.Alex Williams, Strtegy without a Strategiser, *Angelaki*, Vol.24, No.1, 2019.

3.Alfonso Galindo Hervás, Delay or Accelerate the End? Messianism, Accelerationism and Presentism, *International Journal of Philosophy and Theology*, Vol.77, 2016.

4. Ana Cecilia Dinerstein, Frederick Harry Pitts, From Post—work to Post—capitalism? Discussing the Basic Income and Struggles for Alternative Forms of Social Reproduction, *Labor and Society*, Vol.21, 2018.

5.Benoît. Dillet, We Haven't Seen Anything Yet Accelerationism and Decelerationism under Austerity, *Cultural Politics*, Vol.11, No.2, 2015.

6. Callum McGregor, Review: Nick Srnicek, and Alex Williams (2015) Inventing the Future: Postcapitalism and a World Without Work, *Contemporary Community Education Practice Theory*, Vol.8, No.3, 2017.

7.Charlie Mills, Towards a Future Post—capitalism, https://www.doc88.com/p-91599071429351.html, 2022-3-20.

8. Edward Webster, The Uberisation of Work: the Challenge of Regulating Platform Capitalism. A Commentary, *International Review of Applied Economics*, Vol.34, No.4, 2020.

9.Florence Gildea, Accelerating down a Road to Nowhere: On Inventing the Future by Nick Srnicek and Alex Williams, *Political Quarterly*, Vol. 91, No. 2, 2020.

10.Galindo Hervás, Delay or accelerate the end? Messianism, accelerationism and presentism, *Selected Engineering Papers*, Vol.77, No.4, 2016.

11.Gardener, M.E, Critique of Accelerationism, *Theory, Culture and Society*, Vol.34, No.1, 2017.

12.Gillespie T, The Politics of Platforms, *New Media & Society*, 2010.

13.Greg Sharzer, Accelerationism and the Limits of Technological Determinism, *Filozofski vestnik*, Vol.39, No.2, 2018.

14. Jeff Noonan, Luddites, Labor, and Meaningful Lives: Would a World Without Work Really Be Best? *Social Philosophy*, Vol.51, No.3, 2020.

15.John Irvill, Thomas Dunn and Heather D. Koehler, Requiem for Left Accelerationism, https://www.doc88.com/p-78047353386797.html, 2022-3-20.

16.Julie Macleavy, Andrew Lapworth, A 'Post-Work' World: Geographical Engagements with the Future of Work, *The Political Quarterly*, Vol. 91, No. 2, 2020.

17.Michael E. Gardiner, Automatic for the People? Cybernetics and Left-Accelerationism, *John Wiley & Sons Ltd*, 2020.

18.Michael E, Gardiner, Critique of Accelerationism, *Theory, Culture & Society*, Vol.34, No.1, 2017.

19.Michael R. Laurence, Speed the Collapse?: Using Marx to Rethink the Politics of Accelerationism, *Theory & Event*, Vol.20, No.2, 2017.

20.Nick Srnicek, Alex Williams and Armen Avanessian, Accelerationism: Remembering the Future, http://criticallegalthinking. eom/2014/02/l0/accelerationism-remembering-future/, 2021-12-20.

21. Nick Srnicek, Alex Williams, Moore: Inventing the Future, *Marx & Philosophy Review of Books*, 2016.

22. Nick Srnicek, Alex Williams, The Future isn't Working, *Journal of Open and Distance Learning*, Vol.22, No.3, 2015.

23. Nick Srnicek, Difference and Givenness: Deleuze's Transcendental Empiricism and the Ontology of Immanence by Levi R. Bryant, *Xàbiga. Revista del museu de Xàbia*, Vol.1, No.1, 2013.

24. Nick Srnicek, Maria Fotou, Edmund Arghand, Introduction: Materialism and World Politics, *Millennium*, Vol.41, No.3, 2013.

25. Nick Srnicek, The Challenges of Platform Capitalism: Understanding the Logic of A New Business Model, *Juncture*, Vol.23, No.4, 2017.

26. Paolo Magagnoli, Capitalism as Creative Destruction, *International History of Nursing Journal: Ihnj*, Vol.27No.6, 2013.

27. Paul Chatterton, Andre Pusey, Beyond Capitalist Enclosure, Commodification and Alienation: Postcapitalist Praxis as Commons, Social Production and Useful Doing, *Progress in Human Geography*, Vol.44, No.1, 2019.

28. Paul Mason, The End of Captialism has Begun, https://www.filmsforaction.org/articles/the-end-of-capitalism-has-begun/, 2022-3-21.

29. Paul Thompson. Capitalism, Technology and Work: Interrogating the Tipping Point Thesis, *The Political Quarterly*, Vol.91, No.2, 2020.

30. Rebekah Sheldon, Accelerationism's Queer Occulture, *Development education forum*, Vol.24, No.1, 2019.

31. Sam Sellar, David R. Cole, Accelerationism: A Timely Provocation for the Critical Sociology of Education, *Journal of Engineering and Earth Science*,

Vol.38, No.1, 2017.

32.Stephen Zepke1, Accelerating Capitalism; the internal tensions of Accelerationism, https://www.doc88.com/p-90359420167266.html, 2022-2-16.

33.Steven Shaviro, No Speed Limit Three Essays on Accelerationism, https://www.doc88.com/p-9788638460070.html, 2021-12-26.

后　记

时光如轻羽飘落，岁月似细沙轻泻。转瞬之间，这段漫长而充实的学术探索之旅已然落下帷幕，我收获了无尽的感悟与成长，也愈发深切地感受到学术研究的厚重与深远。

回顾过往，虽有艰辛与挑战，但正是这些经历，宛如雕琢璞玉的刻刀，赋予我更细腻的洞察力，让我愈发领略到学术研究的深邃魅力与非凡价值。从最初的想法萌芽，到逐步深入地探索，再到最终成果的呈现，每一步都凝聚着我的心血与汗水，也承载着我对学术的热爱与执着。

学术研究绝非踽踽独行的孤旅，恰似一场多方携手、彼此扶持的接力赛。感恩每一位在我学术道路上伸出援手的人，是你们的助力，化作我前行的风帆，助我破浪远航。在此，我要特别感谢山西省高等教育百亿工程项目：山西医科大学“双一流”创建行动（子项目：省级重点马院培育项目）的鼎力资助；感谢师长的悉心指导，你们渊博的学识、严谨的治学态度和高尚的品德，为我树立了榜样；感谢家人，你们是我人生中最坚实的后盾，用无私的爱陪伴我度过了无数个日夜，让我在疲惫时能够感受到家的温暖。

这部著作的完成，是我学术生涯中的一个重要节点，但它绝不是终点。

未来,我将继续在学术道路上探索前行,以更广阔的视野、更敏锐的洞察力,去探索未知领域,去追寻真理光芒。愿这部作品能成为我学术旅程中的一块基石,让我在未来的道路上一步一个脚印,坚定地迈向远方。

杨　林

2025 年 3 月